La vie comme e

Laetitia Moriani

Copyright © 2012 Nom de l'auteur

Tous droits réservés.

ISBN : 9798393386856

La vie comme en voyage	3
La cuisine m'inspire	1
Le Big Choc	3
Non, je ne dois pas lâcher	6
Le Rayol Canadel…. Tropicana Scooter et premier amour	8
Martinique Inattendue	11
Londres, on y est pour un an!	14
« The Country Pub in London »	17
Nothern Line Stockwell	21
Live music	24
Smooth Criminal	26
« Chou »	30
« RING MY BELL »	32
« la First »	35
« Nous les fiiiiilles »	38
A la vie à la mort…	41
Pendant ce temps…	44
NEW YORK	47
Too much is not enough…	47
New York - 2nd	50
New York - 3rd	53
Fin de NEW YORK	56
DEPARTURE	57
Khao San Road	59
Letice in WonderLand	61
Le Palais	63
Chang Maï	66
Chang Raï, Triangle d'or	71
Robinson Crusoe is back!	75
Coconut Work	77
The Massagesss	80
Railey - Koh Pee Pee	82
Koh Lanta	85
Koh Lipe, Mon dieu	88
Langkawi	92
Lake Toba	94
Lake Toba	97
Une belle action	99
Bali	102
Krak à Ubud	105
« You look wonderfull tonight »	107
Je ponds le bus	109
Apacabar	111
Sursaut Final	113
Retour glacial	116
4em de Couv	117
Annotation	118

La cuisine m'inspire.
Qui l'eut cru…

C'est quand même pathétique à mon âge, alors que je suis mère de famille, de passer ma vie devant Facebook alors j'essaye de décrocher avec ma nouvelle drogue : mon blog !
Parlons cuisine aujourd'hui. Oui, la cuisine m'inspire ! Déjà, Ô miracle, je ne me suis pas jetée sur le reste de bombecs d'Halloween hier soir. Je n'ai pas non plus picoré le jambon cuit ouvert dans le frigo. Non, j'ai eu envie de cuisiner vite fait un petit plat sympa. Petits oignons revenus à la poêle, ail, petites courgettes et carottes émincées, tomates cerises et saucisses de Frankfort (n'oublions pas qu'à un moment il faut que cela plaise aux enfants !).
La folie du jour, c'est que je rajoute une pointe de miel et le tour est joué en 10 mn montre en main, j'ai confectionné un plat simple, gourmand, que j'ai cuisiné seule avec ce qui ressemble à des ingrédients normaux et sains !! Et là, surprise, le plan de mon blog se met en place dans ma tête. Quelques idées à ne pas oublier, la distribution des personnages, le scénario, tout se clarifie dans mon esprit...
Inutile de vous dire que je prends des notes devant mon plat qui cuit et que mon carnet, couvert de reste de jus de tomates, se trouve à ma droite à l'instant même où je vous écris, le nez dans mon assiette vide !
La bouteille de Coca Zéro à moitié vide et sans bulle est elle aussi présente et j'hésite à rapprocher mon paquet de cigarettes mentholées car sinon je vais fumer.
Les enfants sont chez leur père, il est 13h26 et je suis entièrement disponible pour moi.
Je reprends donc. Je me suis enfin décidée à accoucher mon histoire et "y a plus qu'à". Y a plus qu'à relire mes carnets de voyages, vous les condenser et revivre avec vous les joies et les peines que ma vie a connues. Oui, oui… bien sûr, le problème est que je ne retrouve les "dits" carnets qu'à partir de mon voyage en Indonésie ! Où est passée la Thaïlande ? La Malaisie ? Où est passée mon année à Londres ? Où sont passés tous mes cahiers qui racontent mon Amérique Latine ? Mes carnet d'Afrique? Mon passage chez Maui&Sons et mon tour du monde?
Je viens de déménager et ils sont peut-être restés chez ma mère qui a conservé l'ancienne maison !

C'est pas grave, en attendant de les retrouver, j'ai matière pour commencer mon récit. J'aurai plus tard les photos pour me souvenir et vous décrire certaines périodes.

Il faut quand même que je vous précise une chose : je viens de voir le film "Mange , prie, aime" que je suis également en train de lire (en même temps que "Les larmes jaunes de crocodiles" et "La première nuit"). Ce n'est pas la première fois que je me "retrouve" dans le scénario d'un film mais là, c'était flagrant. En le regardant, je me suis dit "mais, c'est pas possible ! C'est ton histoire ! Il faut absolument que tu la racontes, les gens vont aimer, vont se marrer, vont pleurer, go putain !" Au même moment j'avais loué "Julie & Julia", un film sur la vie de Julia Child, la femme qui écrivit un livre de recettes françaises pour les américaines en Anglais et qui fut un grand succès. Le film raconte l'histoire d'une jeune femme de mon âge qui voit sa vie transformée parce-qu'elle se jette dans l'écriture d'un blog sur l'interprétation de ce livre de recettes. Encore une fois, j'ai eu comme the déclic : "mais putain ! Commence par écrire ton blog et tu verras bien !".

Donc c'est ainsi que me voilà !!! Mdr

J'ai craqué. Ce petit goût mentholé est inhalé et je fume le sourire aux lèvres!

En cherchant mes fameux carnets de voyages, je suis tombée sur tous mes journaux intimes écrits depuis l'adolescence. Textes fixant mes états d'âmes du moment, mes premières histoires imaginées, mes premières idées sur la vie. Au comble de ma surprise, je retrouve les même sujets qui me trottent aujourd'hui encore dans la tête. Ces mêmes fils conducteurs sur la vie. Déjà à l'époque je m'extasiais sur les voyages que je rêvais de faire, je me battais pour ne pas tomber dans un quotidien qui ne me ressemblerait pas. Je parlais d'amour passionné, d'aventures qui me tordraient les boyaux. Je n'avais que 14 ans, puis j'ai eu 16 ans mais il m'aura fallu attendre 17 ans de plus pour enfin me rendre compte que j'avais réussi.

Le Big Choc

Tout commence donc comme suit.

Je suis une petite parisienne, j'habite dans le 16e arrondissement à deux pas du Parc des Princes. Je vais à l'école à côté de la maison avec mes amis, comme n'importe quelle petite fille. Je vis avec ma mère, Caroline et mon grand frère, Nicolas, mon ainé de 8 ans, mon héros. Mes parents sont divorcés et, bizarrement, je n'ai que très peu de souvenirs de cette époque où mon papa vivait avec nous. J'ai 6 ans et il est déjà parti vivre en Espagne, en Andalousie plus exactement, où je le retrouve pendant toutes mes vacances scolaires. Je ne me souviens pas en avoir souffert à cette époque car il me prodiguait tout l'amour dont j'avais besoin. Un papa italien et sa petite fille, même à distance, est capable de transmettre un amour incomparable. C'est sans doute d'ailleurs pour ça qu'aujourd'hui encore je suis capable d'aimer à la folie à distance, idéaliser un homme à outrance alors qu'au quotidien, je fais une piètre amoureuse. Cela va me suivre toute ma vie !

Mon papa, je le retrouverai donc durant toutes mes vacances en Espagne à l'endroit exact où j'habite aujourd'hui. Ma maman me donnera toute « la stabilité » et la force que je possède aujourd'hui grâce à son parcours difficile de mère célibataire élevant seule 2 enfants.

Bref, dans mes souvenirs, je suis déjà à l'époque très débrouillarde et indépendante. A l'âge de 8 ans, je me rends toute seule à l'école qui est à 5 mn à pieds de la maison. Je prépare déjà mes habits la veille ainsi que mon cartable, parce que j'ai la hantise d'arriver en retard à l'école. Maman me dira par la suite, qu'elle changeait l'heure de sa montre pour que je ne parte pas trop tôt pour l'école. En effet, parfois je partais si en avance que je pleurais devant le grand portail clôt de l'école. Il n'y avait personne et je pensais que tout le monde était déjà à l'intérieur ! La gardienne de l'école sortait alors de sa loge pour me consoler, me rassurer et m'expliquer que j'étais beaucoup trop en avance. C'est pour cette raison qu'il n'y avait personne, et pas parce que j'étais en retard ! Une vraie psychopathe de l'heure !

Déjà à cette époque, je faisais mes devoirs seule, jugeant de manière autonome si j'avais assez travaillé. Je savais très bien ce que j'aimais faire et ce qui ne méritait pas mon attention. C'est pourquoi les maths et moi ne serons jamais potes et cette inimitié durera toute ma scolarité. Je n'ai jamais fait d'efforts et n'ayant personne pour me forcer la main, ceci est et restera. Maman essayera bien, à un moment, de me donner des cours particuliers et je dois avouer que ça marchera un temps. Mais arrivée au lycée, ma fainéantise aiguë pour cette matière me rattrapera toujours.

Toute ma scolarité je vais être douée pour les langues, l'histoire-géo, l'expression écrite. Tous mes profs de français se tueront à me dire la même chose : *"des phrases trop longues, trop de fautes d'orthographe ! C'est dommage, car les idées sont présentes et tu écris avec facilité !!"* Oui je sais, mais encore une fois, il m'aurait fallu un tuteur plus fort que moi pour me faire changer de façon de faire.

Je voyais de l'art intuitif partout ! Encore aujourd'hui !

La vie se chargera de m'apprendre! D'ailleurs, il en a toujours été ainsi. Je n'ai accepté de critiques ou de corrections que par des gens ou bien que j'admirais ou bien qui me dépassaient. Comme la plupart des gens me direz-vous... mais disons que chez moi, le défaut était un peu plus prononcé ! La vie se chargera de rabaisser mon orgueil et de m'apprendre à écouter.

Je passe mon temps chez ma voisine d'en face, Camille, ma meilleure amie, ma sœur encore aujourd'hui. Nous sommes plusieurs à suivre les même cours de danse *modern jazz*. Nous sommes douées, à l'aise, adorons notre prof Anne et jubilons à l'idée de préparer notre spectacle de fin d'année.

Déjà à l'époque, nos amoureux nous font devenir folles ; les Arnaud, Julien, Vincent, Mathieu, Pierre, perturbent notre petit monde intime. Nos goûters d'anniversaire deviennent des boums où l'on commence à danser des slows, tout serrés lorsque l'on s'aime un peu. Nos jeux se transforment en danse du tapis et à celui qui fera le plus long "smack". On ne parle même pas encore de bisous avec la langue ! Mais ce sera avec ce même groupe que l'expression "sortir avec un garçon ou une fille", prendra tout son sens. Chacun d'entre nous choisira parmi son préféré ou sa plus belle et s'éclipsera le temps d'un premier bisou sur le palier ! Quel bonheur vraiment quand j'y repense !

Après l'école primaire, nous nous suivons au Lycée Lafontaine. Notre cercle d'amis s'agrandit mais le noyau reste le même. Je vais tomber raide dingue amoureuse de Julien en 5e. Le genre d'histoire qui commence parce que tu le trouves trop beau, trop charmant… Tu commences à repérer par quel couloir il passe et à quelle heure, avec qui il traine et à quel moment il part à la cantine. *"Il m'a regardé non ?!Qu'est-ce que ça voulait dire ce regard ?! T'as vu ? Il m'a touché le bras !"* T'as le cœur a 2000 lorsqu'il est à 20 cm de toi et surtout tu ne sais plus parler, tu ne peux même plus ouvrir la bouche ! Ensuite tu te mets des gifles de voir que ta copine, elle, assure comme une bête et du coup est bien plus proche de lui que toi !

Nous sommes donc tout un groupe d'amis qui se suivra de la maternelle au lycée. Tous les anniversaires, les boums, les fous rires, les disputes d'enfants, je les vivrai avec une dizaine de petits garçons et petites filles qui, par la suite, deviendront comme une deuxième famille pour moi. Du moins ceux avec qui je ne perdrai pas contact !

Je suis amoureuse et bien installée dans une petite vie parisienne qui me va à merveille.

Nous sommes en mai 1988, j'ai 11 ans et maman vient de m'apprendre qu'elle va refaire sa vie avec un "Jean-Philippe" en Dordogne. J'ai 11 ans et je sais que je vais tous les quitter dans un mois. Mon monde s'écroule

Non, je ne dois pas lâcher

Non, je ne dois pas lâcher!!
Malheureusement, je ne retrouve pas mes carnets de voyage. A mon grand désespoir ils sont surement restés chez mon ex mari en France! Je vais devoir attendre avant de les récupérer et commencer à vous raconter mes aventures. Donc je continue de mémoire.
Ma mère a décidé d'aller vivre en Dordogne, comme je vous l'ai expliqué dans le précédent article. Je vais tout tenter durant les derniers mois, pour rester à Paris. La convaincre de ne pas partir, essayer de rester vivre avec mon frère, qui lui restera à Paris. Mais rien n'y fait. Alors pour m'aider à passer le cap, ma mère demande à mon père d'en discuter avec moi et de pourquoi pas me proposer de venir vivre avec lui dans le sud de la France, en Provence, près du Lavandou, au Rayol Canadel. Mon père venait juste d'avoir une offre de travail trop alléchante de mon parrain promoteur dans le sud de la France, pour refuser et venait de quitter l'Espagne. Ma mère persuadée que j'allais refuser son offre pour rester avec lui, accepte l'offre de mon père.
Seulement au grand étonnement de tous, j'accepte la proposition de mon père. En plus de préférer la Provence à la Dordogne, je m'imagine surtout revivre avec mon papa. Mon papa qui m'a tant manqué, pour qui j'ai un amour inconditionnel....
Maman va devenir dingue, jusqu'au dernier moment elle ne croira pas à mon départ. Mais si, après une grosse dispute dans notre maison familiale de Biot, je repartirai avec mon père, laissant ma maman dans ses larmes. Je me souviendrais toujours de ce jour. Où elle me criera "mais comment tu peux me faire ça, jamais je n'aurais pensé que tu me laisserais, c'est moi qui ai toujours été là lorsque ton père était loin, c'est moi qui ai galéré et maintenant tu me lâches!!"
Aujourd'hui maman moi même et divorcée aussi, je comprends très bien ce qu'elle a pu ressentir, sa colère, ses mots dures, mais à l'époque, cela me brise le coeur, vraiment, de la voir dans cet état.

Je tiens bon et reste sur mes positions. Je déteste le nouvel amant de maman, ma décision est prise je partirais pour le sud.
Papa de son côté, fou de joie, aura déjà tout organisé. Mon inscription au collège du Lavandou, ma chambre, jusqu'à me présenter une jeune fille de mon âge pendant les vacances pour que je ne sois pas seule le jour de la rentrée scolaire.
Mon père, vit depuis mes 6 ans avec une femme, Véronique. Je l'aime beaucoup, mais nous n'avons jamais vécu ensemble. Je sais qu'elle ne peut pas avoir d'enfants et me considère vraiment comme sa fille. Je sais aussi qu'elle a un tempérament bien trempé, est bien plus autoritaire que ma mère, mais ça ne me pose pas de problème. Je suis une adolescente bien dans sa peau et me crois invincible!
Je garde un souvenir mémorable de ma dernière soirées avec mes amies à Paris, je n'ai qu'une idée en tête à l'époque: revenir un jour à Paris et le plus vite sera le mieux. Je suis à des années lumières d'imaginer que plus tard je n'aurais aucune envie d'y retourner. Mais pour l'instant tout me manque déjà. C'est mon premier déménagement et l'idée d'arriver à l'école comme nouvelle me terrorise. Je dis aurevoir à mes amies, en pleurant et arrive pour l'été au Rayol Canadel!

Le Rayol Canadel, quelle merveille!! Même si à l'époque je ne mesure pas bien ma chance d'habiter dans une maison avec vu sur la mer et avec un jardin, aujourd'hui encore je suis nostalgique de cette fantastique époque que sera mes 5 ans passées auprès de mon papa dans ce paradis. Une petite enclave en Provence. Un jardin avec 3 chiens, un chat et même une chèvre!! Un petit scooter à 15 ans, après avoir harceler mon père et promis que j'en payais la moitié avec mon argent de poche! Cette route Rayol Canadel - le Lavandou que je parcourais des centaines de fois avec mon petit casque blanc pas homologué mais tellement fashion!! La plus belle route du monde, encore aujourd'hui à mes yeux!
Ma mère, elle s'installe en Dordogne dans une jolie petite maison de campagne. J'irais la voir toutes les vacances scolaires, de la même manière que j'allais auparavant voir mon père en vacances.

Le Rayol Canadel.... Tropicana Scooter et premier amour

Je ne devais pas lâcher mais c'est exactement ce que j'ai fait!!!
Le temps de retrouver mes livres, de changer encore de boulot! Passez quelques crises avec mon amour de fils, Sacha qui a 9 ans, voir ma petit mounette de Liza devenir petite fille et surtout avoir un moment de doutes dans ma vie!!! Et voilà, je veux re-écrire!!! Donc c'est repartie!!
J'en étais resté à mon arrivée dans le sud de la France. Le Rayol Canadel!! Peu de gens connaissent de prime abord! Si je vous parle de St Tropez, le Lavandou!!! Et ouiiii! Le Rayol Canadel c'est in between un minuscule village qui surplombe quelques criques, un restaurant "le Maurin des Maures" où mon père viendra jouer son tiercé en jogging le dimanche matin! une librairie, une pharmacie, et surtout le Tropicana Club! (voir le lien ci-dessous).
Lorsque tu débarques ici à 12 ans de Paris, tu te demandes ce que ta vie va devenir? Il n'y a juste RIEN!
- Quelques mois après tu te demandes comment tu peux avoir rencontré des ami(e)s si géniales!
- Quelques années après tu te demandes comment tu aurais fait pour avoir une vie aussi géniale de liberté si tu étais restée a Paris! Tu as le vent dans les cheveux en conduisant ton scooter sur une des plus belles routes côtières du monde entier, le sourire au lèvres, tu as 15 ans et la vie est belle!!
- Plus jamais tu ne veux revivre à Paris, et le mec avec qui tu te prends la tête le plus, est en train de devenir cette boule au fond de l'estomac chaque fois que tu montes dans le bus avec lui lorsque tu vas au lycée!!
Ton père qui ne te laisse pas sortir, commence à comprendre qu'il n'a pas le choix et le Tropicana Club devient ton souffle de liberté.
Une plage dans une petite crique méditerranéenne, montée de toute pièce par le papa d'une de tes meilleure amie, Yves Blatgé!
Une plage, un restaurant, une boîte la nuit ouverte sur la plage!! Une ambiance bon enfant, mélange de chic Parisien de par sa clientèle et de la nonchalance du sud. un endroit de doux farniente gérer par une famille amie, qui nous fera toujours sentir comme à la maison!

Ma première saison à 18 ans, avec eux, préparer les assiettes à desserts!!! Vendre les glaces dans mon petit kiosque, classe, blanc à l'entrée de la plage. Mon premier salaire, ma première saison indépendante parce que je dors au Tropicana dans une chambre comme les autres salariés! Mes premières nuits blanches, complètement démontée par la Tequila! Mes premiers matins à me relever alors que je viens de poser ma tête sur l'oreiller.

Mais le sourire aux lèvres parce que je fais comme je veux, je gère enfin ma vie comme je l'entends et on est proche du décollage!! Même s'il faut bosser, on assure tous, on est là, mais quelle éclatade hier!!

J'ai 18 ans, ça va duré deux mois!

Ce garçon qui m'a rendu dingue dans le bus, Olivier, sera devenu mon premier amoureux sérieux! Depuis 2 ans nous nous aimons d'un amour passion, comme seulement à cet âge tu le peux! J'ai eu l'extreme chance de le rencontrer et de découvrir les plaisirs de l'amour avec lui en premier.

Pourquoi une telle chance? Parce que lorsque qu'on a la chance d'être autant aimé lors de sa première histoire sexuelle, ça nous aide pour le restant de notre vie. Je ne serais peut être plus jamais autant câlinée, désirée, dégustée, embrassée, dévorée comme je l'ai été par Olivier. Nous n'aurons jamais aucun taboo tous les deux même si jeunes. Nous nous aimons tellement que tout nous parait normal et sans retenues. Il m'a tout appris et si je me sens aujourd'hui si bien dans mon corps et dans ma sexualité, je lui dois à lui et uniquement à lui!

Bien sûr on est jeunes, trop jeunes, excessifs, possessifs, jaloux! Nos disputes seront aussi fortes que notre amour est doux!

Il veut tout, tout de suite, que je reste avec lui, travaillez avec lui dans son restaurant, dont il est le chef, que l'on devienne saisonnier comme ses parents et que l'on voyage l'hiver!! Si je l'avais écouté je lui aurait fait un enfant tout de suite!! C'est trop pour moi!, Mon passé parisien m'influence encore et j'ai la mauvaise impression que sa vie va m'enfermer au Lavandou.

Par contre, encore une chose exceptionnelle dont il va être l'instigateur, LE VOYAGE!!! Voyager l'hiver!! Cette idée va germer en moi, chaque hiver un peu plus! Ces parents en me montrant leur centaines de photos vont faire grandir en moi une curiosité insatiable!! La Thaïlande, l'Indonésie, les Iles, l'Amérique Latine!!

On ne s'en rend pas compte à ce moment là, mais aujourd'hui avec le recul, je me dis vraiment, si je n'avais pas rencontré Olivier, toute ma vie aurait été différente! Je n'aurai peut être jamais autant voyagé, je ne me serais jamais surpassée, je n'aurai peut être jamais fait de saison si intense, je ne serais pas celle que je suis aujourd'hui et je n'aurai pas vécu 1/4 des aventures que j'ai vécu!!

Merci mon Olive, vraiment... tu mériterai un livre à toi tout seul, pour décrire combien tu as influencé mon style de vie, combien tu m'as rendu libre et combien je te dois.

Bref, Ma première saison au Tropicana, va me permettre de partir presque un an à Londres. Mon frère y est déjà et mon argent me permettra de m'installer les premier mois, de payer mon école, et donc par la même occasion démarrer ma vie comme je l'entends!! On ne peut plus rien me dire, je gagne mon argent j'ai 18 ans et grosso modo j'emmerde le monde entier!!

Martinique Inattendue

Me voilà partie enfin pour Londres, j'ai à peine 18 ans, je suis fière de m'être donné les moyens de réaliser une première grande aventure. Je l'avais dit et je l'ai fait!!

Ma première folie en vérité, avant celle de Londres, fut lorsque j'avais décidé de partir avec Olivier en Martinique quinze jours après avoir travailler dans le restaurant de sa cousine un mois, j'avais 16 ans, c'était au Lavandou.

De manière aussi incroyable que surprenante, mon père m'autorise à partir en voyage avec mon amoureux. Probablement plus heureux de me sentir curieuse par le voyage que de me voir voler dans les bras d'un homme, il m'embrassera tendrement avant de partir en me murmurant à l'oreille: "n'oublie pas que tu n'as pas besoin de plonger profond dans la mer pour découvrir les plus beaux fonds marins".

Métaphore ou réel conseil paternel, je le prendrai au sens propre et figuré.

Je vivrais mon aventure avec Olivier de la passion la plus mesurée possible, comme on peut gérer cela à 16 ans, c'est à dire réfléchis 30 secondes et le reste du temps déchirant de passion. Et je vais aussi pêcher mes langoustes moi même, à la main dans les premier 5 mètres d'une mer translucide!!

Il ne me reste que quelques photos de ce voyage. La photo n'a pas encore pris l'importance qu'elle a aujourd'hui dans ma vie. Mais je garde graver des cartes postales de ce court passage dans les Caraïbes Françaises. Le décor de notre maison en bois peinte, chez l'oncle d'Olivier. Une maison en bois jaune très pâle, des jardins débordant de couleurs et de petits bruits ruisselant d'insectes. L'odeur du poulet boucané grignoté au bord d'une route autour d'un fou rire, parce qu'on ne comprenait pas ce qu'un vieil Antillais nous baragouinait!!

Je n'oublierais jamais cette sensation de chaleur calme ressentie lorsque, assise dans l'eau chaude, la mer jusqu'au bas des reins, Olivier est revenu avec 2 ananas fraichement coupés. Le fruit si mur, si sucré, que son jus nous coulait sur le menton. Nous sommes restés là peut être 2 heures dans ce bain à roussir sous le soleil, sans rien faire d'autre que de parler de nous et de ce que nous ferions plus tard. Comment ne pas se rappeler de ces marchés d'épices, de chapeaux, de petites robes faites dans des tissus si bariolés que tu sais d'avance que tu ne les mettras qu'ici!! La musique, mon dieu, ces danses dont j'ai été immédiatement envoutées, jusqu'à ce jour encore!` Bouger son popotins exagérément, se déhancher langoureusement contre l'autre. Ces barbecues improvisés sur la plage. Le plaisir de se laisser guider par les évènements, ne rien prévoir, on décide tout sur le moment.

Je me souviens aussi qu'une journée nous étions partis en bateau. Un petit bateau, peut être 5 mètres, pas plus, pour aller pêcher des langoustes.

L'oncle de Olivier connaissait un endroit. Et effectivement il connaissait bien l'endroit. un tas de gros rochers au milieu du vide à 3 ou 4 mètres de profondeur.

Dessous des langoustes ou des homards je ne sais plus. tellement nombreux qu'on pouvait les attraper par les antennes. on avait des harpons, on ne s'en ai pas servi. Le jeu était d'abord de pouvoir descendre, en apnée évidemment, rester un peu, en attraper un et le remonter. On essaye plusieurs fois. Je me rappelle des leçons de mon papa, très bon plongeur en apnée. Comment se préparer à la descente en respirant calmement, bouger lentement, ralentir. Je m'exécute, je descends et j'y arrive et remonte avec une langouste un large sourire sur le visage. la surprise se lit sur le visage de l'oncle et de Olivier. Et ouiii, moi aussi je peux le faire!!! Ahahah, que se fut mémorable, dans une eau bouillante, le barbecue sauvage sur la plage ensuite!!!

Je ne me souviens évidemment pas de tous les détails de ces jours passés, de tout ce qu'on a pu faire, de toutes les personnes rencontrées, mais je me souviens que j'ai adoré cette sensation de: "je vis des instants d'exception et c'est ça que j'attends de la vie ».

Cette quête me poursuivra toute ma jeune vie et aujourd'hui encore, le dilemme persiste. Vivre selon ses intimes convictions, poursuivre un idéal ou se conformer à une vie plus raisonnable et moins rêveuse.

Entre les deux mon coeur balance, toujours selon mes humeurs. D'où ma vie probablement jugée chaotique pour la grande majorité.

Mes nombreux déménagements, mes changements professionnels tous les deux ans en moyenne, mes envies insatiables, mes voyages.

Je ne le répèterais jamais assez: RIEN N'ARRIVE PAR HASARD! et ON A LA VIE QU'ON VEUT BIEN SE FAIRE!! La vie qui nous ressemble!

Doit on quitter un travail parce qu'il ne vous rend pas heureuse ou doit on y rester parce qu'il vous amène un salaire correct, et que c'est la crise? Ou combien de temps peut on supporter de vivre contre nature?

Où s'arrête le bon sens pour laisser place à l'inconscience ou l'égoïsme de ses choix? Cela évolue avec l'âge, où oublions-nous nos réelles envie en vieillissant? Abdiquons-nous? Je pense sincèrement qu'il faut entendre et suivre cette petite voix intérieure, surtout si elle te murmure les mêmes mots depuis longtemps. Construis ton idée, ton projet, étape par étape, l'une après l'autre jusqu'à y arriver. Une fois que c'est fait passe au suivant. Ne procrastine pas, tu n'as pas besoin d'en parler ou d'attendre l'approbation des gens pour « faire ». Tout le monde te déconseillera, t'énumèreras les arguments nécessaire à la non faisabilité de ton rêve: trop dangereux, trop original , trop banal, tu es fou, pourquoi te compliqué la vie, ça ne marchera jamais, tu ne vas pas le faire tout seul….! Mais une fois que tu as mené à bien ton projet, les même te féliciteront.
Vous voyez le genre? Vous avez dû rencontrer le même style de situation. Moi, à cet âge là, c'est en permanence!!

Bref, je suis revenue fière, bronzée, la tête dans ma prochaine aventure.... Mais la suivante sera plus longue, ce ne sera pas des vacances, je vais vivre différemment, apprendre une autre langue je décide qu'après mon bac je partirai à Londres. Je ne sais pas encore comment ma relation amoureuse avec Olivier se goupillera avec l'idée, ce n'est pas encore ma préoccupation première. Le goût du projet est plus fort. Je le ferai c'est sur!

Londres, on y est pour un an!

Ma saison au Tropicana Club se termine. J'ai passé un été magistrale à préparer les desserts pour le resto, sur l'unique plage de cette crique du Rayol Canadel. Un été libre, composé de fêtes, d'amis, de quelques heures de sommeil, de soleil et de sucre.

J'ai obtenu mon Bac et j'ai de l'argent de côté. Mon frère est déjà parti à Londres depuis deux ou trois mois. On s'organise par téléphone pour mon arrivée. C'est décidé : dès que ma saison s'achève, je m'envole le rejoindre. La Fac attendra bien un an. C'est là que les gens vous attrapent le frein à main: « tu es sûre que tu vas reprendre tes études après? Seule comme ça, tu ne vas pas dans une famille? Tu n'auras jamais assez d'argent! Attends c'est super Londres mais tu connais des gens là bas ». Heureusement il y a forcément quelques personnes aussi qui d'une bienveillance relative te rassure, en pensant: « il faut bien que jeunesse se passe… » Toutes ces paroles sont probablement vraies mais si cela bouillonnent en toi et que tu as tout pour le faire, alors go…

Je me sens invincible, libre, indépendante mais la passion dévorante d'Olivier commence à m'étouffer passablement et je me sens même prête à partir sans lui. Comment puis-je m'imaginer vivre sans lui ? Trop sure de moi et de son amour, je ne réalise pas un instant que cela pourrait me manquer. Je suis trop curieuse de l'aventure qui m'attend. Je m'entends encore lui dire des banalités du genre : *"mais ce n'est que pour un an ! Notre histoire résistera"* ou encore *"j'ai besoin de voir le monde, de perfectionner mon Anglais, on est jeune…"* blablabla… Toutes ces excuses pour ne pas avouer que je veux juste quelque chose de nouveau, partir, m'éprouver.

Des milliers d'ados connaissent cette expérience mais moi j'ai l'impression qu'à l'aéroport, même le président de la République va venir me souhaiter bonne chance. Je ne pars pas jeune fille au pair, no no no ! Trop facile, trop commun, je vais vivre la vraie vie londonienne. Je ne vais pas m'emmerder à m'occuper de bébés et avoir une vie d'étudiante de base. No ! Pourquoi se la faire simple lorsqu'on peut se la faire compliquée (et galère) ! On la sent beaucoup mieux passer ! On devient une vraie *Warriors* !!

Mon Dieu, si j'avais su ! J'aurai organisé tout différemment, je me serais épargnée tant de stress ! Mais en même temps c'était moi qui avais voulu que les choses se passent ainsi, seule avec mon coulou.

L'idée donc est de retrouver mon frère, mon grand frère, Nicola (oui y a pas de « S » son prénom). Il a 26 ans à l'époque, de huit ans mon ainé, et il est mon idole depuis ces cinq dernières années où j'ai vécu loin de lui, moi dans le Sud de la France et lui à Paris. Je n'ai qu'une envie : me rapprocher, vivre cette aventure avec lui, ou plutôt devrais-je dire, cette galère mais je ne le sais pas encore.

Il m'a trouvé une école à Victoria pour passer mon *first certificate* en anglais. En arrivant je pourrais bosser dans le pub où il est. Et miracle de la vie, je pourrai même squatter l'appart dans lequel il est, le temps pour nous de trouver notre nid. Il faut que vous sachiez que, en ce temps béni, mon frère n'a qu'une idée en tête : devenir musicien professionnel, ou artiste…ou Lenny Kravitz!

Pour vous dépeindre un instant mon frère sur lequel je pourrais rédiger un livre, il a arrêté le lycée à 16 ans, probablement à cause d'un craquage post divorce.

Ce fameux divorce de mes parents, plus l'absence de mon père qui n'avait rien trouvé de mieux que de se barrer dans le sud de l'Espagne pour y vivre, n'a certes rien aidé, plus son entourage d'amis blindés du 16em arrondissement de paris, plus sa relation avec une femme bien plus âgée que lui et riche l'ont précipité dans une vie douce et soyeuse, où le rêve d'une vie soyeuse te fait croire que cela va durer toute la Life!!!

Cet ancien premier de la classe, donc, devient maître dans l'art de la sèche, expert en sorties, roi du poker et autres conneries en tout genre (drogues, potes, menteur pro…). Celui qui était destiné à faire de très hautes études se met en tête de devenir le nouveau fameux Lenny Kravitz ! Et cela va durer longtemps…

C'est le genre de mec, susceptible de devenir architecte en quelques mois après avoir travaillé dans un bureau d'architecture en Espagne (oui parce qu'il a rejoint mon père lors d'un moment de détresse de ma mère) parce que ça lui fait plaît, il avait un don pour les croquis. Le style à savoir jouer du piano parce qu'il l'a décidé (sans aucun cours). Le type à bosser pour la marque Benetton et a su être encore plus maniaque que le responsable, ou encore à jouer les *Bill Gates* toute la nuit jusqu'à ce qu'il ait mis au point le programme qu'il souhaitait. Quand il s'est mis une idée en tête, il ne la lâche plus et *fuck them all* ! C'est mon héros, il a toujours raison et tout ce qu'il peut dire est parole d'évangiles.

Je suis partie. Mon Olivier m'a assuré qu'il me rejoindrait dès sa saison terminée. Je n'y crois pas bien sûr et pour tout dire, je n'en ai pas très envie. Mon excuse est magnifique pour me délivrer de lui : *"on se retrouvera plus tard si vraiment on est fait l'un pour l'autre"*.

AHAHAHAHH ! Je suis tellement heureuse que je ne vois que mon bonheur, ne me soucie que de moi et ne veux rien voir d'autre. Encore une fois, je suis devant une expérience mémorable et extrême.

Les trois premiers mois de ce périple seront de l'eau bénite, une mise en route.

Je vais me rendre compte que mon frère est vraiment dans son délire *"zicos, sex, drug, and rock'n roll"*

Je vais devenir *sandwich girl* professionnelle dans un pub. Serveuse dans un resto trois étoiles, et nanny de trois boubous.

Tout ça dans un décor pittoresque inoubliable, saupoudré de *Camden Town, Porto Bello road, Covent Garden, Clapham, Brixton*, de ballades à travers toutes les expos *underground* possibles, ce putain de *Tube, Soho*, restos végétariens, mon premier tatoo.

Je vais avoir un style... du jamais vu ! Je ne me reconnais toujours pas sur les photos ! Ben Harper, Keziah Jones en concerts, inoubliables ! Et tout ça dans de petites salles intimistes ! OH MY GOD!

« The Country Pub in London »

Londres, notre quotidien bohème a commencé. On habite toujours chez Alexie, un copain de Nico, qui a un bassement de trois chambre avec petite terrasse après la cuisine, un véritable luxe à Londres. je n'ai jamais su de quoi il vivait celui la, à part fumer et écouter de la musique, je ne l'ai jamais vu rien faire! Mais comme j'arrive juste, je trouve ça adorable de nous laisser du temps pour trouver quelque chose. Pourquoi Nico ne s'y est pas pris avant que j'arrive, ça ne me fait pas tilter, la cohabitation, nouvelle pour moi, est le point crucial de la nouvelle vie qui a pris son envol.

Nico, bosse déjà au "Country PUB in London", moi toute excitée par cette aventure qui commence, je rejoins ma petite école de Victoria ou je passerai mon First certificate comme prévu dans 3 mois.

Je suis fière, d'être venue, retrouve mon frère, je n'ai pas fait comme certaine de mes copines, être au-pair dans une famille, je vis la vraie vie! Enfin c'est ce que je me dis, probablement faux, pourquoi se la faire gentil et paisible dans une famille lorsque l'on peut se la jouer roots et baroudeur avec son frère!

Premiers mois paisibles, j'ai encore des sous de ma saison, vie d'étudiante, je commence à me repérer divinement bien, le tube est mon ami (entendez le métro!) Je commence à sortir, découvre les cinémas alternatifs, les Restos végétariens de Covent Garden, tout est style et tendances que je vénère! Camden Town m'enivre, je suis la reine de la Tamise!

Tout coûte très cher! Notre premier petit appart a Clapham South est digne des meilleures séries TV des années 70. Le chauffage est à pièce, le téléphone sur le palier, on a un grand T1, donc une chambre pour tous les deux, partageons le même lit, le déménagement est facile.

Mon argent commence à fondre, donc ça coule de source je vais bosser avec mon frère au pub!! Ce délicieux pub ou nous allons être surexploités à gagner 3 pounds de l'heure en chemise blanche et nœud pap! Dieu seul sait pourquoi on restera! Parce qu'il n'y a qu'aujourd'hui que je saurais le dire: ON ETAIT HEUREUX!!! On riait dans ce brouahaha incessant, Christian notre géant bristish et boss d'à peine 30 ans, Wessam notre "So cute" métisse de manager, qui aurait charmé à lui tout seul une armée de féministes endurcies!! Kate, la chérie du géant qui rêvait de devenir actrice ou mannequin, Martin notre Canadien roux, cuisto, Ned l'Australien Chef cuisto a deux de tension en permanence: "all right might".!! Et j'oublie le nombre incalculable d'extras qui sont passés nous filé un coup de mains. Toujours en chemise blanche et nœud pap, tablier noir sur les hanches! On était tous pas mal attaqué à l'alcool, la coke pour certain, la weed pour d'autres mais on avait la classe!!

Sandwich girl!! Au moment du rush, je ne sais pas combien de dizaine de sandwichs on arrive à envoyer mais c'est du solide!! Jamais fait autant de sandwiches qui me dégoûtent autant, avec leur gravy et leur pickles, le pain a beau être une merveille, plus leur charcuterie rose, je vais être malade!!

Mais on enchaine!!

Il en aura vu de toutes les couleurs ce pub, de la porte arrière par lequel on entrait ou la porte principale par lequel on s'en allait!

Nos arrivés le matin, en général à pieds de la gare Victoria, l'antre du métro entre autre, sur-couvert l'hiver!! J'ai fini par acheter un vélo, pour ne plus prendre ce métro surbondé le matin. Le « Mind the gap please, mind the gap » dit au microphone à chaque ouverture de porte me faisait vivre dans un livre d'anticipation de Bradbury. Il ne manquait plus qu'elle nous murmure: « soyez heureux » alors qu'on vivait la rage sous terre et c'était le pompon de la ponponnette! L'image romantique de traverser London à vélo me redonnait le sourire malgré l'air glaçant, il faut bien le dire aussi. Mais quel bonheur, là pour le coup je me retrouvait dans une comédie romantique où l'héroïne rejoignait son petit job avant de bousculer son destin... J'avais bravé encore une fois mon absence totale de sens de l'orientation, dans une ville que j'avais fini par apprivoiser, me déplacer en long en large et en travers était chose possible mais sous terre…. Maintenant il fallait recadrer tout cela mais à vélo! Enorme mais mission accompli!

Cet agenda énorme derrière le bar où nous notions tous nos heures d'arrivées et de départs. Les petits dej, tartines géantes de bon pain avec soupe de café immonde, mais avec Wessam, donc c'était merveilleux! "Tu me fais la tartine, je te fais le café"!! "Ok Wessam"!!

Ces rush interminables de sandwiches! "More Gravyyy!" Mon cri de guerre par le passe plat qui montait jusqu'à la cuisine au premier!

Nos soirées qui commençait à 16h, une fois déguisées pour Halloween, jamais compris comment ces anglais pouvaient ingurgiter autant de liquide et si rapidement, hommes comme femmes!!! Nos soirées nettoyages des "pipes"!!! Mon dieu ce qu'on a pu vomir!! Ahahahaha!! Et tous ensembles!! J'ai même partagé une casserole avec Martin pour vomir!!! Tellement on ne pouvait plus bouger ivres!! Quand j'y repense je rigole toute seule.

Les lendemains où violets on se retrouvait pour recommencer cette même journée, la même qu'hier, la même que la semaine dernière, mais avec des rires différents!! Une insouciance outrageante!

On oublie le cours de nos vies en se noyant dans ses heures abrutissantes de travail! Lorsqu'on en sort, le loyer à payer, mon frère et ses cours de guitare et de chant, moi je dépense tout dans mes ballades, expos, mon style hippy grunge cheveux court et décolorés au henné, mes cours de développement photos en noir et blanc! On ne calcule rien, ne prévoit rien. On mangera au pub, on déménagera une autre fois pour moins cher, on ira jusqu'à voler des barres de céréales "flashpack" pour manger, tellement ce n'était pas la priorité d'avoir une vie établie. Il y avait presque un arrière goût de "on se fou de tout". Livrés à nous même, décideurs de nos vies, comme on l'a toujours été au final. Mon grand frère est là, mais il est encore pire que moi!! Déraisonnable!

Mais ce pub, quelle aventure, qu'elle merveille!

La porte d'entrée du pub nous a vu sortir plusieurs fois avec pertes et fracas avec mon frère mais surtout une fois!!! Un nouvel an qui touche à sa fin, maman était venue nous rendre visite pour Noël! Non contents d'y travailler on retourne au pub pour les embrasser à minuit!

On commence à se chauffer avec mon frère, parce qu'à mon goût il se défonce trop et trop souvent, quelque chose comme ça! Je parle mal m'énerve et on se sort littéralement du bar, ma mère impuissante à côté de nous!

On se tourne autour jouant entre les voiture! J'enrage, il finit par me dire: "arrête, je vais t'éclater la tête contre le pare brise!". Je devais être mauvaise, mais je ne me souviens pas de mes mots. On finira face à face, il va me gifler mais à sa surprise je le gifle de toutes mes forces à mon tour. Il perd un de ses bridges de devant! Il relève sa tête, et là je me dis: "oh putain, là je suis mal" (en écrivant je souris, parce qu'aujourd'hui on en rigole avec mon frère mais sur l'instant!!) Wessam viendra me sortir de cette galère, nous séparant!!

Le lendemain, enfin le 2 janvier on rentrait tous les deux par la porte d'entrée principale. Frère et sœur, voir Wessam. Maman, pauvre maman, soulagée. On ne va avoir que 2 bagarres avec mon frère, celle-ci était la première, la deuxième est à mourir de rire!

En attendant, on re-déménage, direction Stockwell à côté de Brixton, Nothern Line, le quartier des blacks c'est moins cher!!

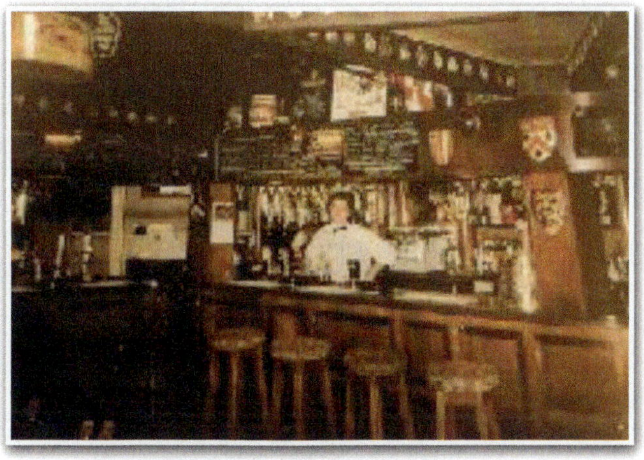

Nothern Line Stockwell
Home

Stockwell bonjour!!! Nico a débusqué un pure appart! Son prétexte de déménagement n'étant pas financier officiellement, étant donné que l'on va faire notre vie à Londres, autant être bien installés! Là c'est une réussite! 2 pièces, rénové, coco par terre, une cuisine américaine partage les 2 pièces, même la salle de bain et neuve! Le pompon de la pomponnette c'est un rez de jardin et le jardin paraît être une charmante petite forêt!! Unbelievable mais pour 90£/ semaine, « its ours »!!! On parle de 50m2 à 20mn du centre, elle est belle l'histoire. On emménage!! Bonjour nouvelle proprio regarde nous bien, tu vas nous adorer!!

Entre temps l'amoureuse de mon frère Agathe, nous rejoint pour quelques semaines puis quelques mois! Un peu d'équilibre, de repas normaux, on s'entend super bien.

Nico a fait sa crise, je suis un musicien, je ne travaille plus je fais de la musique et j'étudie! Ah!! Ravie de le savoir Nico!! Donc moi je continue et je t'entretiens?! Et ça va durer sa crise!!

Ma crise arrive, marre de me faire exploiter au pub, j'ai entendu qu'un Resto de luxe ouvre sur Oxford street en étage. Ils recherchent du personnelle. Fantastiquement bien payé.

Je me présente, au milieu de cette faune internationale et: je suis prise on commence la semaine prochaine! De nouveau en nœud papillon, par équipe de trois nous sommes serveurs d'un rang attitré, plus toutes les tâches pré et post service! De l'esclavage à l'état pure!! Tu rentres a 9h tu en sors à 2h du mat avec 1h de coupure!!! Je dois prendre le bus de nuit à Picadilly, taxi trop cher! Je vais tenir 2 mois!!! Les managers qui viennent vérifier la poussière au gant blanc, s'en est trop pour moi, je vais les dépeusser!!! Arrivederci!!

Pendant ce temps mon frère kiffe avec sa nana, se prend pour Lenny Kravitz mais ne chante que pour lui avec ses sticks de beuh!!! Moi je « bouille » et Agathe commence à fatiguer aussi! Nico nous ramène régulièrement des barres de céréales ou des Twist ou même des Mars, le butin du jour!! Moi je grossi a vu d'œil, j'en suis au moins à 8 kg de plus en même pas 10 mois!!! Plus les cheveux court et rouge sans oublié mon teint blafard, une vraie top version enterrez moi vivante!!!

J'ai laissé le Resto évidemment et profite de quelques jours de farniente avec Agathe avant de rempiler au Pub!!

Les petits Resto végétariens, les cinés alternatifs, Camden Town!! Un bonheur, j'arrive à les continuer malgré tout.

Nothern Line c'est direct avec Camden!

J'ai plus de temps pour réfléchir! Mon ami de toujours Matthieu vient me voir! Me conseille de ne pas rester trop longtemps encore!!! Je vois aussi Amélie, qui elle avait choisi une année comme au pair! Une vie paisible d'étudiante à s'occuper de petits! A côté j'ai l'air d'une bête sauvage!! Ahahahah!!

On commence à évoquer un retour si la situation ne s'éclaircit pas! Mon frère toujours très positif, "mais ne t'inquiète pas, c'est jamais facile au début, t'as confiance en ton frère?!" "Heu oui!!! Comment te dire?! Lorsqu'on arrive au point de manger des spaghettis avec des baguettes chinoises et de l'huile parce que c'est tout ce qu'il y a!!! Je doute un peu" ahahahaha!!! Quand j'y repense!!! J'ai des photos de ça!!

Une aventure humaine d'un autre monde!

La dernière bagarre marquera le début de la fin!! Comment je termine enfermée dans la salle de bain?! On rembobine en accéléré..!! Quelques jours après avoir rempli la cuisine de degueuli, le "mais non il n'est pas fort vas y fume" de mon frère, la fameuse Skunk avait eu raison de mon corps. Je me suis sentie sortir de mon corps littéralement!!! Et la partie restée sur terre, retapissait la cuisine!!!

Lorsqu'on reparle de ça à Nico avec Agathe deux jours après, certes je m'enflamme un chouilla et le traite de "gros Guédro" qui a besoin de bouger son cerveau ailleurs! Je m'en prends une magistrale! A laquelle je réponds de plus belle... Et laaà, à cet instant précis, analysant en un quart de seconde la fureur soudaine de mon frère, je me volatilise tel passe murail dans la salle de bain où je m'enferme! Histoire de sauver ma grosse peau!

Commence une dispute entre Agathe et mon frère formidable qui va aboutir à cette phrase restée dans les annales: "mais toi va à ta plaaace!" Je sors ma tête de la porte de la salle de bain, entrevois la tête de la douce encore sous le choc, mon frère qui ressasse sa phrase dans sa tête, ("je viens de lui crier ce que je hurle au chien habituellement").
"Mais ça va pas bien Nico" bafouillant, Agathe part dans un fou rire, moi j'en tombe à genoux tellement je rigole et mon frère enrage de sa connerie pour finir appuyer contre le mur, mort de rire!!
La Nothern Line nous a amené un faux semblant de vie normal. Ça aura été le moment "Agathe" et "Maman" qui nous rejoint pour Noël, grelottant de froid un 25 décembre dans un London tout fermé. Agathe repartira quelques jours après définitivement, retour à la case Paris, me laissant son petit job: nanny de quatre kids entre 1 an et demi et 9 ans!!
Mais ça c'est une autre aventure! ;)

Agathe, Maman et mon frère

Live music

Parce qu'il y a des moments suspendus parfois, tu le sais lorsque tu le vis et tu t'en souviens toute ta vie!
Un soir, Nico me dit je vais t'emmener à Camden Town voir jouer Ben Harper live. Une petite salle, un bar. Ben Harper n'avait alors sorti que son premier album, « Welcome to the cruel world », que j'adorais. Je n'en revenais pas, il commençait à être connu mais n'était pas encore la star qu'il est maintenant. Petit endroit cool, on va pouvoir le voir comme n'importe quel musicien qui joue dans un bar, aussi branchouille soit-il;
Une petite scène surélevée, une chaise en bois, sa Weissenborn[1] prête sur une autre.
Peu de gens, personne devant la scène, un endroit tamisé sur deux étages. Une mezzanine surplombe la scène. On boit une pinte de Caffrey's et on attend patiemment que ça démarre. Il rentre par la salle, monte sur scène, et comme si de rien n'était, sourit très peu, le regard vers sa guitare, il essaye son micro.
« Hi, good evening.... »
Je suis déjà bouche bée de mon tabouret, me rapproche près de la scène sans aucune entrave, y a pas grand monde. Il jouera tout son album à un mètre de nous, dans son délire, pas une bête de scène puisque assis à jouer de sa guitare, Mais quel album, quel voix et surtout quelle intimité offerte.
Je pense que c'est l'unique concert que j'ai fait aussi tranquille, le monde a rempli le bar ensuite, mais à aucun moment on ne s'est senti bousculés, envahis, ou agressés. On a tous chanté ses paroles, fredonné ses airs, souri sur les mêmes pointes...
Avant de partir, j'ai bravé mon appréhension. Il avait quitté la scène pour aller voir un verre sur la mezzanine. Entourés de quelques personnes, nanas et mecs, occupés à discuter, il était hors de question que je parte d'ici sans lui dire quelque chose.
Je suis montée, me suis approchée du groupe. Il avait l'air un peu stone, le regard vers le bas. C'est là que je me suis aperçu, et lui aussi qu'on avait les même basket! En relevant la tête, des converses one star pro bleu marine, jusque'à mon visage, il m'a dit d'un ton doux:
- « Nice shoes[2]! ». Et comme si ce n'était pas suffisant, m'a dit salut, ça va? Et m'a fait un Hug. J'ai dû à peine murmurer:
- « hi, so nice concert[3]... » et il était reparti à sa discussion...

---

[1] une guitare à manche creux, qui se joue posée sur les genoux

[2] Cool tes baskets

[3] Salut, génial ton concert

Evidemment ce soir-là je n'avais pas mon appareil photos, n'ai aucun souvenir matériel, seulement ces flashs surréalistes. Vous ne me croyez pas? Je vous promets que c'est vrai.

Je l'ai revu vingt-cinq après, au festival de Jazz à Juan-les Pins. Un énorme concert en pleine air face à la mer.. J'aurai tellement aimé qu'il voit mes baskets, des converses all stars blanches mais on avait plus les même.

Un autre moment dingue, dans la catégorie concert et sic à Londres, fut le concert au Blue Note de Keziah Jones… Encore une soirée imprévue, que me propose Nico, il a un plan par un ami qui le prévient et qui surtout pourra le faire entrer dans cet endroit mythique de Londres. Keziah commence aussi à être pas mal reconnu mais il décide d'organiser ce concert dans cet endroit très connu du monde du Jazz. Sur plusieurs niveaux, très tamisé, toujours dans une ambiance très décontractée. Nous sommes placés dans LA pièce où il est censé jouer, on attend depuis peut être une heure ou deux. La music, le son du micro se fait entendre mais on ne le voit pas. Tout à coup de derrière nous, sa voix: « If I try to take you there…. rhythm….. is love… Ocean love the sea…. »

Cet homme si grand, fin, torse nu, chemise ouverte, entre par la salle, entre nous, en se balançant doucement au grès du son de sa guitare, le blufunk qu'il a crée résonne entre ses murs de pierres! C'est complètement magique! Une lumière bleue illumine sa peau, il est majestueux, tel un chat il ondule. On se regardait avec mon frère totalement hallucinés. La dernière fois on l'avait croisé à Covent Garden, il jouait dans la rue, pour les gens à l'arrache. On s'était déjà dit: « mais quel brut, quel talent, quel charisme, une classe folle! »

Bref une soirée mémorable qui s'est terminée tôt le matin, car en plus il est resté ensuite, sans être pour autant chahuté ou embêté. Nous avons passé la nuit à chanter et danser… Depuis je n'ai jamais revécu de tels concert dans de si petits endroits et dans une ambiance aussi paisible et cool.

Je n'étais pas boite de nuit, ni de la nuit particulièrement d'ailleurs, mais tellement à fond pour de tels moments!

Smooth Criminal

La famille anglaise, un rien camouflée par soucis d'anonymat

Arty urbain londoniens style!!! Voilà ce qu'on est devenu! Mais la version moins glamour! J'en suis à 12kg de plus, les cheveux mal coupés, un mélange de styles "je ne sais plus où j'ai mal", je ne fume plus de beuh depuis mon dernier vol, mon frère a probablement doublé, Agathe son amoureuse est repartie!
On devient des petits lascars à la gueule d'anges! Je ne me souviens pas à quel moment on arrête de payer le loyer, nous n'y arrivons plus! Mon frère vague à sa création et je vais commencer à garder les 4 loulous d'une voisine, l'ancien boulot d'Agathe!
Arthur 1 an et demi, Audrey 5 ans, Dorothée 7 ans et Jeremy 9! Un gnome, une rigolotte, une princesse et un grand naïf!! Dans une townhouse typique Anglaise middle classe, la maman travaille à mi temps, et lui est banquier, sans oublier le chat et le doggy! Quelques heures par jour, heureusement pas de ménages, soit seul avec le mini blond à 4 pattes, soit après l'école avec les 4, le goûter, devoir, dîners!

Je ne suis pas maman encore et suis très gamines avec eux, donc forcément on s'amuse à tout ce qu'ils veulent, ça me grimpe dessus, ça se dispute pour manger près de moi, je me découpe en 4 pour que chacun profite et kiffe pour son âge! Et là évidemment, je me rends bien sûr compte qu'un an dans une famille aurait été doux aussi, une autre expérience certes, mais à ce moment là, ces bouts de zan sont tous ce dont j'ai besoin. Moi qui depuis toujours parle d'enfants, de bébés, d'une famille, je suis servie j'en ai 4!!! Je peux gazouiller English, expliquer à Audrey, petit garçon manqué pour quoi sa barbie de grande sœur passe des heures à se coiffer et décoiffer un peu mon Jeremy blond qui à mon goût est déjà bien coincé dans ces formules de politesses!! J'arriverai même à lui faire dire tout pleins de gros mots!!

Ils se moquent de mon accent, de mes fringues, eux qui rentrent tout beau de l'école en uniforme! Je leur ai préparé leur goûter et ce qu'ils ne savent pas c'est que moi j'en ai mangé au moins 2 de goûters avant le leur! Je ne sais pas pourquoi je le fais en cachette en plus, la famille adorable m'aurait invité de toute façon! Mais lorsque j'arrive chez eux et me retrouve seul avec Arthur en attendant les autres, j'ai faim, c'est parfois le seul vrai repas de la journée!! C'est démentiel mais vrai! Quand je repense à cette grande table de cuisine où les quatre assis essayaient de me faire avaler qu'ils pourraient faire leur devoirs ensemble , j'en souris encore. Quel bordel, quel bonheur.

Ce ne sera pas avec eux que j'améliorais mes talents de cuisinière, la seule fois où je leur prépare de vraies pâtes à la bolognaise avec de la vraie tomate et de la bonne viande, ils me réclameront celles en boîte clamant que les miennes ne sont pas bonnes! "My dad is Italian, he taught me, they can only be excellent! », « no way"!!

Cuisiner n'est donc pas un grand effort, j'ouvre une boîte ou un sachet, ça se met dans l'eau ou au microondes et Yallah!! Moi ça n'améliore pas ma ligne, bientôt je roule!!!

La mère est adorable, me fait confiance, me laisse ses babies de plus en plus souvent, un jour je vais me retrouver bloquée sans les clefs de la maison, l'alarme se met en route par je ne sais qu'elle merde qui la déclenche, les petits pleurent, le chien aboie, la sécurité m'appelle pour me demander un code que je n'ai pas, le père me rappelle 5mn après comme quoi les pompiers l'ont appelé « what's going on?"!!! Un film, un extrait d'un soap dont j'étais la victime!!! J'arrive à éteindre ce vacarme, calmer la smala et sur ces entrefaits la maman arrive comme une fleur "everything is fine honey"?! "Great!" Je lui raconte, on rigole ensemble et on va boire un thé...

C'est le seul semblant de vie normale parce que lorsque je rentre chez moi, j'ai l'impression que Tony Montana va rentrer version cheveux long et chanteur!!!

Mon frère, un jour me rejoint dans la chambre du fond, sur la pointe des pieds rapidement et avec sa tête de pins!!! "Chut ne fait pas de bruit, la proprio est là pour le loyer" ah merde!!! Ça se reproduira plusieurs fois jusqu'à ce qu'on tombe sur elle dans la rue! Mon frère champion du monde du bobard réussira à la faire tenir un peu, mais la cloche du départ sonne.

Épuisés, nous fatiguons, las, il est temps! On se remér
fameuse nuit, où il avait voulu rejoindre des copains da.
des champis m'avait dit Nico! Moi, ce soir là pas envie u.
quelque part où je ne connais personne et je reste à l'appart. À ɔ
trois personnes, deux filles et un mec sonneront à la porte
couvertures sur elles en me disant:" Nico va bien mais ils nous a dit q.
ici, quand il aura terminé avec les flics il arrive"! Pardon?!
Réveillez moi!
Leur soirée champignons avait tourné au cauchemar lorsqu'un des gars ne supportant plus les hallus avaient commencé à courir la tête la première dans un aquarium géant et la tête ensanglanté avait juré de tuer tout le monde un couteau de cuisine à la main!!!
Quelques uns avaient tenté de le calmer sans succès, d'autre avait échappé pour prévenir les pompiers! Qui grâce à je ne sais quel dieu ou miracle avaient réussi à le sortir sans heurt ni trop de coup! On avait fini dans l'appart à cinq complètement flippés et moi remerciant encore mon instinct de ne pas m'avoir laissé sortir.
Fini les soirées improvisées au pub, toutes nos nuits chez nous sans télé aucune! Finit de marcher des heures dans Londres, la traverser through its parks!! Fini de dépenser tous mes sous dans mes courts de développement photos en noir et blanc avec Cathy! Dans mes pellicules! Mes meilleurs moments. J'ai même eu le courage 2 fois de demander à un prof de street dance si je pouvais prendre ses élèves en photos. Je prenais à l'époque des cours de moderne jazz dans une école de danse trop branchée près de Covent Garden et non loin d'une des écoles d'Art/Design les plus renommées. J'ai toujours été attirée par cette école. Bref, ça ce fut de pures moments! Prendre en photos ces pures danseuses! Dommage que c'était sur pellicule et pas numérique parce que ma technique n'était pas excellente et celle de mon développement encore moins, donc aucun tirage valable de ces moments d'exception je n'ai pu garder.
Ces moments là, étaient mon monde, mes envies, trouvées, commencées toute seule et je me suis perdue dans une bataille qui n'était pas la mienne. J'aurai mieux fait d'aller dans une famille et m'inscrire dans cette école d'Art!
Voilà de quoi on riait avec Nico, nos excès de vie bohème!!! Mon frère disait et dit toujours "il n'y a de l'excès que dans l'excès!"
Quelle histoire de dingues encore! Oui mais c'est le temps de rentrer à la maison maintenant!
La décision était prise, 16 mois passés, on aura juste assez d'argent pour nos billets de l'Eurostar, on ne payera pas la propriétaire, on arnaquera un taxi à Paris pour changer de gare, pas de cash pour le payer, on joue les désolés et on se barre en se faisant insulter, direction Sud de la France, maman nous attend à Biot.
Nico est arrivé juste à temps dans le train avec le butin de Mars volés, sourire au lèvres!
"Allez sister back Home"
Un livre se ferme, une autre aventure commence, le sud de la France!!

and thank you

« Chou »

Ou comment mon céramiste de lascar se transforme en l'homme de ma vie… Quand je repense à tout ce qu'on a vécu, j'ai l'impression d'être une vieille femme déjà. J'aime ce sentiment d'avoir vécu des extrêmes avec toi, même s'ils m'ont usé. Je crois que si c'était à refaire je le referai. J'adorai cet excès de passion, cette impression de ne pas vivre comme tout le monde, de défendre sa vie coûte que coûte, cette folle douceur de sentir un amour que tu crois exceptionnel et unique. On était beaux, on sentait bon le sable chaud! J'avais réussi à serrer le lascar. Je ne pensais qu'à l'instant, n'anticipais pas nos vieux jours ou même une vie sociale, tout était possible parce qu'on était tous les deux. Peu importe ton passé, tes blessures, tes traumas, tes démons, JE saurai t'apaiser. Grave prétention, grave erreur!
Notre première nuit de câlins, il m'avait emmené dans la maison de sa mère autour du Lac de St Cassien. Sa mère s'était remariée avec un ouvrier hollandais, qui lui avait permis, enfin, de se dédier uniquement à sa maison et son mari et surtout quitté les HLM de Vallauris. Michael, avait sa chambre sous les toits et vivait chez elle depuis quelques mois lorsque je l'ai rencontré. Il avait, tout juste, arrêté son activité en tant que céramiste. Il en était le tourneur en réalité. Sa mère, extrêmement douée de ses mains en dessin, peignait les pièces de son fils. Depuis peu, il ne travaillait plus.
J'étais amoureuse, refusais de voir l'étrange. Dès le début, je trouve nos rapports brutaux. Je lui dirais… Habituée à plus de douceur, mais au final c'est moi qui m'adapterai à lui.
Bizarrement, moi qui suis une amoureuse de l'amour, des baisers interminables, du jeu de la séduction, je vais partager ma vie avec un homme qui n'est pas tout ça. Qui ne saura jamais me mettre en total confiance. Il aura un côté ours protecteur violent, une odeur, des tendresses parfois qui me feront tenir. On aura cette complicité d'amoureux passionnés mais bien souvent ternie par nos déchirades.
Je suis folle de son côté lascar calme et peu bavard, ce côté repenti, connaissant ses lacunes mais qui veut se ranger, ça me charme désespérément. Chose que je terminerai par haïr ensuite. Je le trouve magnifique, j'aime tout chez lui, son style, sa façon de bouger, sa façon primitive de m'aimer. Ce respect mafieux qu'il impose. Ce code de l'honneur et de « la parole » qui guident sa vie. Je le trouve noble dans sa « lascarisation ». Je vais jusqu'à comprendre pourquoi on arrive à faire des braquages, voler, dealer. Pourquoi on est constamment tirailler entre le bien et le mal lorsqu'on a grandi comme lui.

N'ai pas confiance en son charme clandestin de « louffia » qui attire à lui toutes les femelles. Il se laisse séduire, joue. Ça m'est insupportable! Attention si je fais pareil!!! Je n'arrive pas à assumer mon envie de vivre en eaux troubles avec lui. Je serais en permanence partagée entre l'admiration et la colère.

Je ne vais jamais réussir à le quitter. Mes voyages seront une belle excuse, de belles tentatives pour l'oublier. A l'autre bout du monde, dans les bras d'autres, Michael est là. Je reviendrais toujours, voir s'il m'a oublié ou s'il m'aime toujours.

Deux séparations, de plus de huit mois chacune. Pour qu'au final on décide de repartager nos vies. Un avortement avant de décider de procréer Sacha. Puis Liza. Un mariage, une maison achetée, un divorce. Lui en France moi en Espagne. La vie, avec ses rebondissements. On est toujours là et nous le serons toujours, liés à vie qu'on le veuille ou non, pour nos enfants.

Mon lascar est devenu «Chou», nous nous appelons Choux automatiquement. On est proches et tellement éloignés.

Michael et moi, à la Désirade, lors d'un défilé… Une petite danse.

« RING MY BELL »
Les maillots 1ère…

Mon coeur est chaviré, nous vivons ensemble avec Mika chez ma mère, dans la chambre du bout. Imagine le décalage entre une vie qu'il a toujours connu peu familiale, sans papa, une maman seule débordée de travail et tout à coup une vie de « famille » avec des étrangers et ta petite copine qui te parait bourgeoise! Pas l'habitude de partager, de discuter à table, de penser famille. T'as grandi dans la rue toi. Pas l'habitude de rendre des comptes, de se livrer, de papoter.

Bref, nous allons nous apprivoiser dans une chambre de 4m2 pendant quelques mois seulement avant de prendre notre envole tous les deux!! Nous nous sommes installés une petite télé dans notre nid, ses minis sculptures Africaines se mélangent avec mon petit bureau d'études et mes photos de copines sur le mur!! Un trop petit espace pour trop de personnalités!!
Ma mère et Philippe (son fiancé de l'époque) sont à côté dans leur chambre mais la co-habitation n'est pas fluide, pas à l'aise. Tout a été trop rapide, nous sommes tous trop différents. Nous sommes tous censés participer financièrement et activement à la vie de cette appart, mais les partages se font mal et notre communication est mauvaise. Les silences de Mika m'enragent, l'alcool de Philippe aberrant, le rythme de ma mère au resto s'accélère. Mon frère qui est encore là, prêt à remonter à Paris, squat le salon et le canapé lit!!! C'est un lumineux bordel, prêt à imploser! Nous n'avons pas la patience de supporter nos différences, on ne s'aime pas assez tous pour se supporter.
La fac a commencé pour moi, j'adore… je suis une étudiante dans l'âme. J'adore aller à la bibliothèque, faire des recherches, acheter les bouquins conseillers dans chaque matière, faire des notes dessus, en faire des fiches, résumer mes cours. Je mettrai en place pour mes partiels une forme mémo technique pour déballer tout mon cours sur mon brouillon. D'un simple EmTr4vULL81, par exemple, tout le premier chapitre de mon cours de communication se déroulait et ainsi de suite.
J'aime beaucoup la dynamique de l'étudiante. je ne suis pas du style à avoir un groupe d'amis à la fac, je connais petit à petit quelques gonzesses, quelques mecs avec qui je papote. Ne fais partie d'aucun groupe, je me ballade à travers ces minis bandes sans jamais appartenir à aucune. Nadia deviendra ma plus proche frimousse et je retrouverai Laurie, du collège du Lavandou un an plus tard.
Art communication Langage, est une nouvelle section, très tendance à l'époque où de nouvelles matières telle que la Communication des nouvelles technologies, la communication non verbale etc, la programmation neuro linguistique, l'analyse de la symbolique d'oeuvres d'art se mélangeront avec les bases de l'audio-visuel, du droit de l'image, de marketing, et d'études sociologique selon les options. Le contenu est très novateur pour l'époque.

Il est prévu que je continue à travailler à la Desirade (le resto de maman) tous les week end et la saison d'été aussi. Un jour, durant un cours, je parle avec Fanny, une jolie fille, qui ressemble à Emmanuelle Beart avec des taches de rousseur, elle semble avoir 14 ans! « Letice, qu'est ce que tu fais l'été comme boulot? Tu devrais bosser avec moi ». notre discussion commence vraiment de cette manière.

- « je vais refaire une saison dans le resto de ma mère, tu fais quoi toi comme boulot?»
- « je vends des maillots, sur les plages et dans des hôtels, je défile"
- « Hein, oublie, je ne pourrais jamais faire ça!!!! »
- « Tu gagnes combien par mois Letice? »
- « pas assez pour les heures et le boulot, mais pas loin de 8000fr (à l'époque, soit à peu près 1300€) »
- « moi je me fais minimum 15 000fr parfois 20 000fr (2800€ à 3200€) » je suis vers 10h à la plage et j'en sors à 17/18h max »

Mon sang, ma tête, mes yeux, tout mon être se tourne vers ce qui allait devenir ma collègue!!!

- « Explique moi exactement comment ça se passe, présente moi ton boss et on va voir »

Quelques jours plus tard j'étais chez Laurence, la responsable. Elle m'explique qu'une quinzaine de nanas se partagent les meilleurs plages et hôtels de la Côte, qu'on bosse 7 jours sur 7 à la commission. 20% de ce que l'on vend, à partir de 10 pièces c'est 25%. Une pièce vaut en moyenne 400/500frs donc grosso modo tu prends presque 1000frs (150€) pour 10 pièces vendues, tu es payée tous les jours. Tu peux être déclarer mi temps du SMIG si tu as peur d'être contrôler. On te forme avec une autre vendeuse expérimentée les deux premiers jours ensuite à toi de jouer.

J'accepte immédiatement, alors que je suis apeurée de défiler, ou même marcher pour vendre ces maillots et me changer 40 fois par jour. Elle me placera sur les plages du Cap d'Antibes, deux jours par semaines, quelques plages de Nice deux autres jours par semaine, puis deux jours au Cap Estelle, un palace 5 Etoiles à Eze-sur-mer et le dernier jours dans un hôtel 5 Etoiles du Cap d'Antibes.

Je suis terrorisée maintenant en découvrant mes secteurs qui sont tous très classes! Mais je ne pense qu'à une seule chose, l'argent et accessoirement sortir de la restauration qui me brûle le corps et le cerveau!!

Je ne sais pas encore à quel point ce job d'été va bouleverser ma vie. Je m'en crois incapable mais tant qu'on a pas essayé! Et alors Dieu merci je vais essayer!!!

Lors d'un petit défilé nocturne avec Stef, une autre copine de vente et moi… :)

    Stef, une copine vendeuse, et moi lors d'un défilé le soir…:)

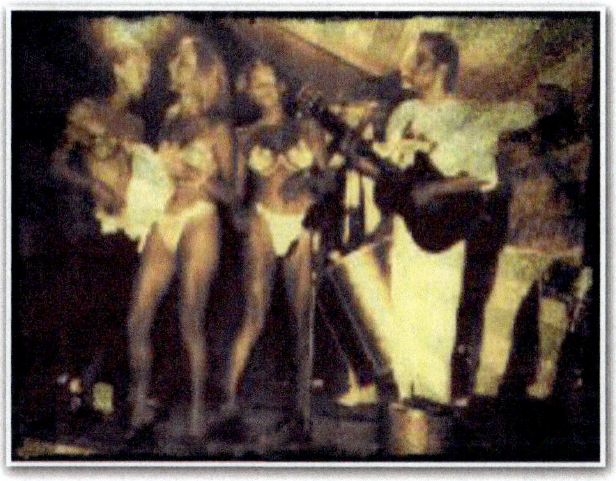

« la First »
Les maillots 2nd partie…

J'ai accepté, cet été je vends sur la Côte des maillots de bain avec leur paréo, leur jupe paréo et leur chemise en coordonnés. l'appât du gain est trop fort. Merci Fanny!!
Cette même Fanny, une petite « cartonneuse », dans notre jargon vendeuse de maillots me présente quelques jours après une autre vendeuse de maillots pour confirmer ces dires sur nos gains. Elle me présente Stephanie Lejewski. Oui oui ouiiiii….
Elle est, ce qu'on peut appeler mon antipode, mon contraire, rien ne nous rapproche d'un millimètre. Elle est blonde et coiffée aux yeux bleus, très petite femme, parfois en talon et maquillée lorsque moi j'arrive en jean et New Balance, les cheveux en vrac, elle a un sac à main et moi des bonnets péruviens l'hiver. Elle a un côté petite « bourge » qui m' insupporte et moi suis la petite « bab" par excellence qu'elle trouve ridicule!!! On se dit bonjour du coin de la bouche et je ne peux pas m'empêcher de penser: « mais si elles sont toutes comme ça, laisse tomber, j'ai rien à faire la dedans ». Plus tard elle m'avouera, qu'elle avait pensé de moi « qu'elle n'a rien à faire la dedans ». Elle aussi est placée dans de bons hôtels et sur de « bons secteurs plage » comme on aime les appeler.Laurence, notre « Lolo » nationale, responsable, « motivatrice » d'équipe est un vrai phénomène aussi. Elle arrive des Antilles, mais pas créole, a vendu pendant des années sur les plages de Guadeloupe et de Martinique. Toujours en speed, souriante, un vrai bonheur, qui a développé tout le réseau de vente sur la Côte d'azur pour cette marque de maillots de bain. Les plages a soudoyé ou non, demander leur permission, offrir des maillots, tout est bons pour laisser passer « ses filles » comme elles nous appelle, c'est Lolo qui s'en occupe! La créatrice, elle, est en Guadeloupe. On deviendra amies et encore aujourd'hui 15 ans après nous sommes toujours en contact avec elle.

Mon premier jours, « formation défilé » on m'envoie avec une dingue sur Menton, Valerie!!! Après on me dira, « chacune le fait comme bon lui semble », lorsque tu la vois elle, tu te demandes ce que tu fous là!! Exagérément à l'aise, à la limite du ridicule ou du vulgaire, déjà que nos modèles sont ultras « flashy, fleuris, zigouigoui » avec des coques pour te remonter les seins jusque sous le menton! Si en plus, tu en rajoutes avec une attitude un rien « pouf » c'est « la porte ouverte à toutes les fenêtre » c'est ….. c'est Valerie. Ça fait des années qu'elle le fait, elle a une trentaine d'années, je ferme ma gueule et j'apprends. Lorsque j'en parle le soir au réassort, Laurence et Stef gloussent de rire, sachant pertinemment de quoi je parle, « demain c'est à toi »!!

Oui demain c'est à moi et je n'en dors pas de la nuit. Mais comment je vais faire pour défiler ou plutôt marcher (hors de question que je me la raconte en marchant comme une mannequin sur la plage, je ferais du Moriani) devant les matelas?!

Me voilà partie pour Nice, « la Plage des Flots Bleus », j'ai une valise pleine de tous les accessoires et un panier gigantesque où tous les modèles que j'essayerai sont exposés.

J'habite dans le vieux Nice, suis à deux minutes de la plage en voiture, en descendant l'escalier de ma première plage j'ai le coeur qui me résonne jusque dans mes Hawaianas!!

Mon dieu, j'ai peur! Ne pas le montrer, tu as l'habitude, tu es à l'aise, souris gentiment, n'en fais pas trop, sois toi même, la version un peu plus culotté!!

La patronne m'accueille, adorable Mme Doue, qui me proposera une table dans le haut du resto pour installer mon petit stand de vente. Ce qui me prendra cinq minute dans quelques jours, me prend une demi heure aujourd'hui. Comment aménager ma table pour que ce soit mignon, comment organiser les tailles dans les sacs sous la table pour que ce soit pratique, rapide sans bordel, qu'est ce que je vais me mettre et qui plaira au plus grand nombre?

Combien y a t-il de femme, quelle âge ont-elles? Quelle style? Il y a beaucoup de regards d'hommes aussi, les équipes de serveurs, plagistes, attendent aussi de voir si tu es douée! Ou vais-je marcher, sur la plage? entre les tables? Les deux? j'en sais rien, j'irai au feeling.

Je m'en rappellerai toute ma vie, j'enfile le modèle Ibiza, 2 pièces, culotte haute, couleur bleu nouveau avec le paréo classique, le temps est très couvert et les femmes qui m'observent depuis que je suis arrivées sont Hollandaises. Je planque mon sac et c'est parti. J'ai gardé mes lunettes pour le premier tour, et enlevé mes tongs. Je souris un peu bêtement, dis bonjour. Le premier tour est toujours le plus surprenant pour les gens, ils se demandent d'où tu sors, ce que tu fais? Et te suivent du regard jusqu'à ta table avant de capter que tu es une vendeuse de maillots.

Je me change, une pièce, toujours modèle Ibiza mais le tahitien rouge avec la chemise et le pantalon. Deuxième passage. Je m'en souviens encore parce que c'est celui de ma première vente et le rouge restera une couleur que je vendrai toujours à merveille dans tous les modèles. Le temps c'est vraiment couvert, je pensais ne pas avoir de chance pour mon premier jour mais en fait ça va être le contraire. Quelques gouttes de pluie m'oblige à m'abriter sous un énorme parasol, les femmes qui ne peuvent plus bronzées viennent me voir, ou tout du moins la première.

-« Aurais-tu ce rouge là mais en deux pièce comme le premier que tu as essayé?

- bien sûr, on a tous les modèles dans toutes les imprimés avec les trois accessoires et dans quatre tailles différentes et vous pouvez essayer évidemment »!! (Hihihihhi, je suis en train de vendre)

Dès qu'une cliente essaye ce que j'ai sur moi, je me change immédiatement pour ne pas montrer aux autres personnes qui regardent qu'elle choisit « toujours » ce que tu as sur toi!!! Peut être aimera -t -elle aussi ce modèle? Peut être l'achètera t-elle aussi? Peut être qu'une autre femme sur la plage aimera ce modèle que tu essayes? Autant de point d'interrogations que de réponses justes, mais je ne le sais pas encore.

J'ai le sourire, des femmes vont et viennent dans les vestiaires, essayent de tout, je fais ma première vente d'Ibiza tahitien rouge, paréo et chemise 1250frs (soit 191€) !!! Oui vous avez bien entendu!!! En quelques heure à peine, la première cliente débloque les suivantes et je viens de vendre 15 pièces, un jour de pluie.

Laurence m'appelle vers 15h, un peu dépitée, « ma pauvre louloutte tu n'as pas de chance pour ton premier jour, ne t'inquiète pas si tu n'as rien vendu »

- « Laurence j'ai fait 15 pièces, c'est pas mal, non?

- « Quoi???!! Mais c'est génial, une cartonneuse, tu es une cartonneuse!! »

Quel rire, une cartonneuse….. j'étais trop fière…

Ma première journée, j'avais vaincu ma terreur, vendu 15 pièces, empoché 1300frs (277€) en quelques heures et j'allais au réassort narguer la

Stephanie…… ahahahahah Et ça ne faisait que commencé…

Stef, Laurence « la Boss » et Fanny celle qui me recrutera…. Et moi avec le fameux tahitien rouge une pièce modèle Ibiza, lors d'un défilé à la Désirade. Le seuls moment où on nous prendra en photo.

« Nous les fiiiiilles »
Les Maillot (3e partie)

« Ma fiiiille !!! Alors ? Un carton cette première journée sous la pluie ?! 15 pièces?! Bon maintenant : "réassort", voilà ton argent et tu fais la même" journée" tous les jours ! ».

Voilà comment ma Laurence m'avait accueilli cette première journée de vente de maillots sur la plage, en fin d'après midi. J'étais fière mais toute en tranquillité, sans prétention affichée. Peut-être y avait-il un léger regard agacé à ma première concurrente, j'ai nommé Mlle Lejewskiiii Stéphanie mais rien de bien méchant !

Ma petite pimbêche de la fac n'avait pas fait grand chose ce jour-là… (sourire) J'apprends donc lors de ce « réassort » (moment crucial aussi dans la vie saisonnière des vendeuses !) le classement "non officiel" de ces demoiselles : Fanny est une ancienne et cartonne en silence, on ne la verra que très peu aux réassorts. Ma Stéphanie est aussi une cartonneuse depuis l'année dernière et comme moi, est compétitive. Nous sommes 14 nanas en tout partagées sur toute la Côte jusqu'à Saint Tropez.

En papotant avec Laurence, j'arrive à lui faire balancer les statuts de chacune sous couvert de ma nouveauté dans le domaine ! Au final, la seule qui m'intéresse reste Stéphanie qui en plus de narguer tout le monde, me fait vraiment marrer avec son insupportable humour sarcastique d'arriviste, le tout serti d'une attitude de *« j'assume ma sexy, chaudasse woman attitude »*. Elle tranche, coupe en deux tout le monde l'air de rien avec, en bonus, un petit sourire charmeur… Ahahahaha ! Bizarrement j'adore et on devient très vite très pote !! Dans un autre registre, je vais répondre à sa "provoc", version *« natural, jmenfoutiste de toute façon je t'éclate »* attitude qui est la mienne et mon Dieu ce qu'on va se marrer !

On veut être les meilleures et tous les soirs, nous nous retrouverons toutes chez Laurence au réassort.

- *« Alors t'as fait combien ? »*

Première question que je pose en arrivant. Si, si on parle bien de maillots de bain, pas d'autre chose !! Stéf déteste ça ! Parfois elle me battra, parfois ce sera moi. Tout l'été, plutôt tous les étés, parce que l'on va bosser quatre ans en « saison de maillots » à se tirer la bourre toutes les deux! Et on sera toujours les meilleures.

On devient très proches et on se raconte nos journées quand le soir tombe: on se parle des richissimes qui nous ont pris 6, 8,10 pièces d'un coup payées "cash" sur la plage ou autour de la piscine.

On s'envoie nos italiennes qui nous ont fait CHIER, mais CHIER pendant 2h avec leur maillot « *non mi piacce con le imbotiture* [4]*»*, qui t'essayent tout le stock pour ne rien prendre au final. Comment on a dû jongler entre le mari qui te mate, la femme qui ne doit surtout pas être jalouse et ne pas le vexer parce que c'est lui qui va payer !

Nos fous rires lorsqu'on repense à ces modèles de maillots trop chargés, voire ringards, mais qui, sous le prétexte que l'on était jeunes, bronzées, bien gaulées et que tout nous allait, devenaient des articles à la mode, des must have qu'ELLES voulaient toutes !! (même si ton paréo lamé oriental brille un peu trop au soleil !)

Une petite routine s'installe tous les jours : tu pars bosser, tu retrouves les équipes des plages et hôtels qui t'aiment bien. « *Letice, je t'ai installé ta table, tu veux un kawa ? »*.

Tu as dépassé le stade de la timidité depuis longtemps et tu as pris l'habitude de te changer 30, 40 fois par jours. Tu portes un petit string dessous et plus cette horreur de culotte de vendeuse rose pale ! Tu es là pour faire du chiffre ! Tu as un radar, tu scannes désormais de manière ultra performante pour dénicher LE regard de la femelle qui a envie de voir ton panier !

Tu sais parfaitement ce que tu as dans ton stock, les modèles et les tailles, tu sais parfaitement ce que tu dois porter pour vendre et ne pas mettre si tu ne veux pas perdre une vente. Tu sais être "pushy", séductrice, amie, ou discrète, sur la réserve pour ne pas choquer. Tu es devenue une pro de la communication non verbale, tu ne manges pas à midi, sinon ça t'endors ! Tu sais que plus tu es *speed*, souriante, *easy* plus tu vends... Merci les maillots, parce que cette école va me servir toute ma vie... Merci Laurence, merci Fanny et merci Stef....

De 15 000 Fr/mois (soit 3205€), au mois de juin, juillet et août nous doublerons ce chiffre ! Oui madame ! Ces petites vendeuses de maillots que vous voyez de temps en temps sur la plage se font de véritable petite fortune aux *black* l'air de rien.

Pour ne pas s'arrêter là, Laurence parfois organise quelques défilés dans des hôtels le soir. Ils n'ont jamais généré beaucoup de ventes, mais encore une fois, ils m'ont procuré de grands moments de bonheur et de rires. J'étais toujours flanquée de Stéphanie car nous étions les plus « couillues » et une autre saisonnière. On est allés jusqu'à proposer des maillots 2 pièces dont le soutien gorge n'était qu'un cercle en métal autour du téton en 3 couleurs et des fleufleurs autour !!

Le bon temps va réellement durer 3 saisons. L'argent coulera à flot et cela me permettra d'en vivre l'hiver et d'étudier ou de partir en voyages pendant les vacances. Seulement, des nanas comme nous, il y en a des dizaines, 5/6 marques se battent sur le marché des plages.

Les associations de commerçant de Nice, Cannes, Juans les Pins commencent sérieusement à se réveiller car nous vendons « faramineusement » trop et les boutiques de maillots en première ligne de mer enragent.

---

[4] ça ne me plaît pas avec les armatures

Il nous arrivera même de nous disputer avec les vendeuses des boutiques qui nous provoquent littéralement ou qui tentent de nous jeter des plages. Combien de fois on leur dira : « mais faites pareil que nous !
La plage est libre et que la meilleure gagne ! ». Elle n'avait raison que sur un point, nous ne payions aucune charges, ni loyers, ni taxes, ni impôts ! Mais *« you are welcome to do the same*[5] *»* ! Nous étions d'une mauvaise foi sans non, mais nous défendions notre beefsteak.

Nous devons nous cacher pour éviter la police et certaines plages refusent désormais notre passage sous peine d'amende. Rien ne nous arrête, on continue à passer et à trouver de nouveaux secteurs.

Je me souviens d'un jour béni où, dans mon hôtels de luxe de Eze, à peine installée, j'avais commencé les ventes. Je n'arrivais pas à partir et ce fameux jour j'ai vendu 54 pièces à 500 frs en moyenne l'unité (je vous laisse deviner le montant de ma com) sachant qu'à partir de 10 pièce on touchait 25%... C'est moi qui détiens le record mondial !!! Ahahahha Stéf n'a qu'à bien se tenir!

En attendant, c'est encore avec Stéf que nous allons trouvé LA solution à notre souci de secteur, car nous ne vendons plus et ça ce n'est pas possible !!

---

[5] vous êtes les bienvenus pour faire pareil

A la vie à la mort…

Il faut que l'on puisse retourner sur la croisette, pour vendre les maillots! Nos hôtels sont au point mort, plus beaucoup de plage privées acceptent que nous passions sur leur plage. La croisette c'est interdit mais le potentiel est énorme. On décide d'y aller toutes les deux avec Stef avec un tout petit panier, à peine de réassort, juste pour tester, un jour de début de saison, genre début mai. Nous n'avons jamais dépassé la troisième plage, c'est à dire le Martinez, nous avions trop vendu en quelques heures!
Ca partait de là, à nous deux nous n'avions peur de rien. Nous sommes allés acheter un énorme panier, Stef avait un gros sac de voyages dans lequel nous mettrons les tailles et les accessoires, une plus grosse pochette pour le cash et bam!! Dès le lendemain la saison commençait! Nous avions prévenu La boss que le secteur était trouvé!
« Mais quoi ?! Qu'est-ce qu'il y a qui ne va pas ? » Parfois les mots sortent un peu brusquement. Ahahahah ! Je retrouve ma Stéf de nouveau la tête dans son sac s'étouffant de rire.
Une fois seulement, je me comporterais comme une petite *lascarde* avec une plagiste/maitre nageuse de la Plage du Méridien. On avait posé notre panier, c'était une fin d'après midi et on se changeait pour la 50e fois de la journée.
On était habitués à ce que parfois, les plagistes nous demandent de ne pas rester trop longtemps sur place ou qu'ils nous préviennent de la présence de la police, mais toujours de manière cool et courtoise.
On était ni des putes ni des morceaux de viande ! Mais là, non seulement elle nous parle de haut, cachée derrière ses lunettes avec un ton et une attitude de catcheuse, mais en plus elle nous traite de *"filles de joie qui n'ont rien à faire sur sa plage"*. Comment te dire ?… *« Que j'eusse bouilli, que tu eusses bouilli et que nous bouillassons »* en 2 secondes chrono !!!! *« Mais à qui tu parles comme ça toi !? »* C'est parti de là… Stéf me calmera, mais ne sachant retenir ma langue provocatrice, nous frôlons l'incident diplomatique.
Je finirais par reprendre mon panier et partir en entendant le *« s'il vous plaît »* même s'il était accompagné d'un *« avant que j'appelle la police »*. En 5 ans ce fut l'unique incident dont je me souviens.
« Caracho, but I'm not born from yesterrrday, give me the size 4, this is a 3 [6]*! »*

---

[6] Magnifique, mais je ne suis pas née de la dernière pluie, donnez moi la taille 4 c'est une taille 3

Dix ans après on se souvient encore de cette russe, énorme Russe, sur le ponton du Carlton, à qui nous avons essayé de vendre beaucoup de pièces d'un coup mais qui voulait absolument rentrer dans ce putainnn de 2 pièces !! Je suis derrière elle à essayer de lui fermer son haut, mais je suis à deux doigts de m'aider de mes genoux contre son dos tellement elle ne rentre pas dedans !! Là, pour ne pas perdre la vente on lui dit de prendre la taille 4 mais celui-ci est trop petit (en réalité, c'est nous qui avions décollé l'étiquette du 3 pour la remplacer par le 4 !) Caracho, Caracho…. mais elle s'en rend compte! Nous voilà reparties dans un cinéma splendide, d'innocentes petite vendeuses de maillots !!!

Allez on repart, *« putain Caroline est là, vite vite, vite »*. Caroline, c'est une cartonneuse concurrente, qui vend des paréos et des tops en macramé, qu'elle a ramené de Bali.

On en voit partout de ces paréos et ça me rend folle ! *« Il faut arriver et passer avant elle, que les femmes nous achètent à nous d'abord »*. Sacrée rage qu'elle nous donnait la Caroline. Elle devait penser la même chose de nous.

Comment le simple fait d'entrevoir la Caroline nous faisait accélérer le pas. On savait au nombre de ses paréo sur les plages si elle était passée avant nous ou pas. De la même manière on retrouvait notre marque dispatchée sur toute la croisette.

Il nous est arrivé souvent de nous retrouver, Stéf et moi, devant un couple ou deux de musulmans, qui nous demandaient de nous changer entièrement plusieurs fois pour leurs femmes. Ils nous prenaient des ensembles entiers (maillots, pantalon, chemise, paréo et jupe paréo) après validation auprès de leur femme d'un simple coup d'œil. Pour nous, ce sera un geste du doigt pour confirmer la couleur. 15/20 pièces pouvaient partir d'un coup !! On avait fini par « majorer » tous les prix de 50 francs et on vendait quand même. Parfois, on avait tellement de cash qu'on arrivait plus à fermer notre petite pochette !

Pas une seule fois on a eu peur de se faire braquer. Pas une seule fois on s'est fait chahuter par un homme, pas une seul fois nos mecs ne nous ont pris la tête par jalousie. On était pas là pour ça, on était là pour déchirer, vendre et amasser. Plus aucune notion de la valeur de l'argent. Tous les soirs je dinais dehors, dans le vieux Nice, le vieil Antibes car tous les jours on prenait entre 1000 et 2 000 francs (150 et 250€). Lorsqu'il nous arrivait de faire moins, on se disait *« quelle journée de merde !! »* On ne parlait jamais à personne des sommes qu'on gagnait.

Une fois je me rappelle d'une milliardaire qui adorait Stéf et qui nous avait proposé du rosé sur le ponton du Martinez. Elle nous avait fait faire du ski nautique et du bateau et essayer les maillots qu'on lui proposait devant un parterre de musulmans. La situation était folle !

On arpentait les allées des plages, cherchant à capter les regards de femmes curieuses. A nous deux, rien ne nous échappait. Parfois, un peu à bout de forces, on se disait *« on retourne jusqu'au Carlton encore une fois et après on arrête »*.

On reprenait la petite Fiat Punto de Stéf, toujours pieds nus. Parfois le contact avec le bitume était insupportable et nous avions du mal à marcher mais on ne changeait rien à nos habitudes qui fonctionnaient. Elle conduisait, je comptais. On calculait toujours au fur et à mesure de la journée, *« on en est à combien de pièces ? »* On savait très vite ce que chacune de nous allait gagner. *« Ok, allez, on continue »*. Quelle satisfaction à la fin de l'après midi. Réassort obligé pour le lendemain, remplir de nouveau le panier et le sac. On terminera généralement vers 19 h, puis une petite bouffe sur le pouce. On ne sortira que rarement pour ne pas dire jamais durant l'été. On est sur les plages 7 jours sur 7 et mine de rien ça calme et on dort beaucoup !

Je ne sais pas si j'ai réussi à vous faire sentir un petit peu l'ambiance, la chaleur, le lien qui nous unissait avec Stéf durant ces saisons jusqu'à aujourd'hui encore. On s'est souvent remémoré ces instants qui ne faisaient rire que nous. Nous n'étions pas si différentes que ça dans le fond, juste un peu dans la forme. Nos mecs respectifs deviendront amis, nous serons enceintes quasiment en même temps et nos enfants grandiront ensemble. Aujourd'hui encore, elle est une de mes sœurs de cœur… à la vie à la mort. Si on nous avait dit ça la première fois que l'on s'est vu…

En attendant, on sait que l'année d'après et dès le mois de juin, nous serons sur la Croisette toutes les deux. Je ne le sais pas encore mais les maillots vont m'offrir la liberté de quitter Michael une première fois car ma vie s'embourbe à ses côtés et surtout ils vont rendre possible mes envies de voyages.

Pendant ce temps…

Pendant ce temps là, les choses ont bien avancé. Juste avant de commencer les maillots, je m'étais enfuie avec Michael de chez ma mère où nous vivions. Personne ne pouvait m'empêcher de rien. J'ai trouvé un appartement, j'ai obtenu ma bourse pour la Fac toute seule et j'ai monté, seule encore, le dossier des APL (aide au logement) que je finirai par avoir.

Je ne demande rien à personne financièrement et je n'ai aucun doute : Mika est l'homme de ma vie, même si je sais que ça ne sera pas facile tous les jours. Je saute la tête la première ! En plus, je trouve des boulots à mi temps. Premier CV rédigé qui fonctionne du premier coup : un job à mi-temps au Pathé Cinéma de Nice. Ensuite je me fais débaucher par Décathlon. Une connerie d'ailleurs car autant le cinéma m'enchantait car je regardais tous les films gratuitement dans une bonne ambiance étudiante, autant Décathlon… j'avais craqué sous les arguments du recruteur qui m'affirmait que j'allais gagner beaucoup plus. Ça s'est révélé faux et mon supérieur n'aura de cesse de vouloir me faire rentrer dans un rang qui n'était pas le mien. Après une suite de conflits, je partirai quelques mois seulement après y être rentré. De toute façon, je ne sais pas si j'aurais tenu très longtemps : jongler entre les heures à la Fac, les heures à mon job, plus étudier et réviser, plus la Désirade le week end ! Ça faisait trop.

D'avoir commencé la vente des maillots, me donne cette liberté de ne plus travailler l'hiver : je vis de mes revenus cumulés durant l'été telle la fourmi de la fable !

Notre premier appart avec Mika fait 18m2 et se situe vers la sortie de Nice, à Riquiez, derrière le port. On ne paye pas grand chose pour ce premier nid d'amour dans lequel on installe un clic clac dans le salon. Il y a une cuisine américaine, une mini salle de bain et quand le lit est ouvert on saute directement de celui-ci à la cuisine, ahahahah. On s'en fout, on est bien.

Je suis fière de ce genre d'évolution. Mika fume pas mal de « shit » et je m'aperçois de plus en plus de ces sautes d'humeur, de sa fermeture, de ses souffrances, de ses complexes. Il n'a pas eu de papa pour s'occuper de lui et il ne le découvrira que tardivement, lors de ses beuveries adolescentes. Il a grandi en cité, n'est pas allé à l'école suffisamment tard et ne connait que la loi des rues. Le respect, se battre, vendre, survivre par la force qu'on impose.

Je suis fière de son combat pour en sortir. Sa mère aura réussi à le mettre dans les rails de la poterie, il deviendra tourneur comme son père l'avait été avant lui. Mais sa vie nocturne, ses excès le rattrapent trop souvent. Je me convaincs qu'il n'est pas comme ça au fond, qu'il a besoin de moi pour s'en sortir, mais c'est dur. J'ai déjà pas mal de boulot avec ma petite personne. Je tiens, j'écoute, je comprends, mais ma patience est très limitée.

Je supporte de moins en moins son état végétatif, sa tête de victime, son air fermé et triste. Il fait la gueule ou tout du moins semble la faire sans que je sache vraiment pourquoi. Il fume beaucoup le soir et choisit trop souvent de se réfugier dans les paradis artificiels plutôt que mes bras qui ne demandent pourtant qu'à le cajoler. Je ne supporte plus la télé qu'il regarde pour achever de s'endormir. Lorsqu'il est comme ça, fermé, je vais le titiller jusqu'à ce qu'il explose et me dise ce qu'il a. Ses silences me deviennent rapidement insupportables.

Il travaille aussi à l'hôtel 5 étoiles le *Lowes* de Monte-Carlo, à la piscine de l'établissement. Le lascar se sent rabaissé mais il le fait quand même. Je me raccroche à nos bons moments, car nous en avons quand même. Si on est tous les deux ou avec des amis à moi qu'il connaît déjà un peu on peut avoir de bons moments. Sous prétexte d'être entier et de ne pas être hypocrite, il s'arrêtera soudainement de parler à une personne, sans explication pour elle ou pour moi.

Complexé ? Ou au contraire, sentiment de supériorité ? Mon esprit balance mais ça m'est invivable. Pour éviter ça, je rentre dans son moule, évite certaines situations en les anticipant, prends sa défense en toute occasion en expliquant à ma mère ou mes amis ce qui lui arrive. Je me fais son avocat. Avocat du diable. Ensuite, je me le coince et on se déchire. Ma façon de voir la vie est bien plus légère, les relations humaines capitales à mes yeux et son attitude métastase ma vie.

Au final, il commencera à travailler avec ma mère à la Désirade, mon frère étant reparti sur Paris. Ce poste <u>capital</u> de barman ira comme un gant à Mika. Et puis l'endroit a besoin de son côté videur/protecteur tout en sérénité. De plus en plus de lascars viennent danser ou boire un verre et on commence à avoir besoin de quelqu'un pour calmer cette foule pas toujours docile.

Bref, notre relation commence à se ternir. Notre idylle adolescente n'a pas duré assez longtemps et on s'est retrouvés trop vite plongés dans une vie pleine de responsabilités. Je lui reproche de ne pas être assez légers et ouverts ; on ne rigole que très peu ensemble. Je me sens plus sa mère que son amoureuse. Je déteste.

Qui plus est, c'est un aimant à gonzesses et au resto c'est intenable. Il en joue à fond, fait son charmeur. On est jeune, je fais pareil, donc forcément cela amène les embrouilles ! Lui qui me rendait tellement folle en dansant avec moi, refuse désormais de quitter son bar et reste prostré les bras croisés ! Après être allée le chercher quelques fois et avoir essuyé tant de "NON" désagréables, je finirai par m'éclater avec de sublimes danseurs !!! Mais bien sûr, cela ne lui plaisait pas : il me regardait avec sa bouche de côté et sa tête balançant de droite à gauche. Embrouille ! Il me gâche ma joie de vivre et occulte les bons côtés. Je suis plus heureuse seule, à la Fac, entourée de mes copines. Sans lui. J'oublie nos câlins et finis par oublier les moments où je suis heureuse avec lui.

Un jour je partirai de cet appart, emmenant avec moi toutes mes affaires dans un drap en boule. J'arriverai chez ma mère tel quel. Je quitte Michael et je vais partir en voyage seule au moins 6 mois ! J'ai obtenu mon Deug de Médiation Culturelle et Nouvelle Technologie sans problème. Je vais refaire une saison dans les maillots et ensuite je me casse : Thaïlande, Malaisie et Indonésie. C'est décidé.

Avant de partir je vais me trouver un appart dans le vieux Nice grâce à Patricia, une copine qui travaille en extra dans le snack à côté du resto de maman. Je vais vivre juste en dessous du sien : 2 chambres, 60m2, juste derrière le cours Saleya pour 350€/mois. Je suis heureuse, libre, je gère mon temps entre ma saison qui commence, mon vieux Nice et mes amis. Je vois de temps en temps Michael, car aussi bizarre que cela puisse paraître, il reste à la Désirade avec ma mère qui a besoin de lui et ne le vire pas.

Je fêterai mon anniversaire à chaque fois à la Désirade, réunissant mes copines, Stéf, les Muriel, Laurie, Camille, parfois Julia… Avec leur mecs, pour les plus cools d'entre eux. On dansera toute la nuit en buvant des tequilas goyave, des shots, no limit et je suis heureuse.

Un jour j'ai Matthieu au téléphone, mon ami de Paris que je connais depuis la maternelle. Je lui raconte mon projet de partir en octobre en Asie. « Je veux venir avec toi!! » Il me propose d'abord de le rejoindre à New-York, là où il habite depuis quelques mois.

La saison se termine, les maillots me sortent par les pores de la peau, je prends un billet début septembre, alors que la saison n'est pas fini et je pars le rejoindre.

NEW YORK, here I come ! Sans regret aucun, première séparation avec Mika.

NEW YORK
Too much is not enough…

New-York, c'est parti ! Je me revois dans l'avion, bronzée, toute de blanc vêtue avec mes Cortes Nike bleu marine aux pieds. C'est marrant, je m'en souviens de manière très précise. C'est une destination dont on rêve tous, je crois. Rien que le nom résonne mythique !!

Heureusement, j'ai écrit durant ce voyage. Je vais donc pouvoir me replonger dans la "Letice" de 21 ans et me souvenir du « dia a dia7 » de New-York. Une chose est sûre : je fuis ma douleur. J'ai quitté Michael, non pas que je ne l'aimais plus, mais parce-que je ne veux plus vivre dans cette souffrance. Avec un homme qui ne te touche que très peu, qui est dure dans ses mots et qui te transforme petit à petit en être aussi aigri et violent que lui. Lorsque je prépare ce voyage, tout s'efface ; un projet se met en place et je revis. La saison des maillots a été très fructueuse.
Je vais donc retrouver Matthieu qui est new yorkais depuis quelques mois et qui partage un appart avec Caroline installée dans la ville qui ne dort jamais depuis un an. Caroline est une amie d'enfance qui fut ma meilleure amie un long moment mais, pour une raison que je ne m'explique pas, nous n'avons plus grand chose à partager désormais. Marie-Camille est une autre jeune femme de passage qui va vivre avec eux et moi, pendant un moment.

---

7 **jour après jour en espagnol**

Après avoir passé les douanes stressantes de JFK Airport, (tu passes cette douane avec la musique de Midnight Express dans la tête tellement les douaniers ne plaisantent pas du tout). A peine sortie de l'aéroport, ce souffle « calientissimo8 » te prend à la gorge : New York début septembre, c'est pire que l'Andalousie !! Et tu t'assoies enfin dans un de ces taxis jaunes légendaires. 4th Street et avenue C au corner à East Village ! Je vis dans un film !!! Ahahah ! J'ai juste 6 heures de décalage horaire dans mes grandes jambes mais je m'en fous et je revis une seconde journée tellement l'excitation me tient. J'entame une conversation avec Hassan le taximan qui me fait bien sourire. « Mais si Hassan ! je vais les appeler et ils vont descendre me chercher, c'est là, tu ne peux pas te tromper, tu es taxi de New-York toi ou quoi ? » On rigole un moment. Effectivement, mon Matt descend me chercher et ce sont de grosses retrouvailles. Il habite habituellement à Paris et moi dans le Sud de la France et nous ne nous sommes pas vu depuis environ un an.

Le quartier me fait penser à « Clokers » de Spike Lee, ou encore « Smoke » de Wang Wayne avec un zest de Woody Allen par-ci par là. Je retrouve Caro et Marie-Camille dans l'appart. Du toit de l'immeuble on aperçoit l'Empire State Building, les Twins Towers et le Rockefeller Center ! J'y suis…

Ne surtout pas s'endormir et prendre le rythme tout de suite. On va grignoter tout de suite au « Yaffa Café », genre branchouille (tout est branchouille avec eux, même si on se la joue pure new-yorkais :)). Le restaurant est un végétarien indien avec une déco "psyché zen", qui dispose d'un petit patio protégé à l'ombre des arbres. Nous allons nous « up daté » sur nos vies dans cet endroit. Ce quartier un peu « artiste » me rappelle certains quartiers de Londres. J'adore. On marche ou plutôt je me traîne dans les rues jusqu'à ce qu'on finisse sur le toit de l'immeuble après que la chaleur soit redescendue vers 22h. C'est à peu près à cette heure là que je sombre littéralement. "Réveillez-moi demain matin, please !". Tu parles ! Je me réveille à 1h puis 2h du mat' et toutes les heures ! Entre le décalage horaire, la chaleur et les sirènes des véhicules d'urgence, il va me falloir un certain temps avant d'apprendre à dormir dans un tel raffut. Mais c'est pas grave, c'est trop cool d'être à New-York !

Durant 2 semaines, ma vie là-bas ne va être composée que de brunches le matin, de marches, d'improvisation, de visites, d'achats, de films, de pétards et de sorties nocturnes. On ne se la joue pas du tout « Sex in the City » car on en a pas les moyens et qu'on est pas du tout dans ce délire là : nous sommes des « artisty roots ».

---

8 **très chaud en espagnol**

Un matin, nous partons avec Matthieu sur Broadway Avenue, celle qui traverse tout New-York. Mon Dieu, ce que tu peux marcher dans cette ville ! Ça me va parfaitement. On va certainement se perdre mais ça me permet de "renifler" l'atmosphère, d'observer les gens en attendant de tomber sur Robert de Niro. Il y a des blacks partout, toujours à vélo, pas mal de clochards également. J'aperçois certains lascars mais même eux possèdent un bon style. Ça tourne en permanence. » (mots pris dans mon carnet).
Greenwich Village, pleins de petits bars partout, de petites boutiques dans tous les styles imaginables, des taxis fuyants ; c'est bruyant et parfois ça pue. On rentre, on regarde, on achète. Je veux tout voir mais c'est impossible ! Je ne veux pas en rater une miette, je suis trop gourmande ! Y'en a trop mais ce n'est jamais assez ! S'en est presque frustrant.
Parfois nos soirées commenceront avec un apéro sur le toit, à l'époque nous sommes tous fumeurs. La beuh que Caro nous ramène tourne avant que nous n'allions boire un verre au « Baby Jupiter ». Nous passerons bon nombres de soirées ensemble complètement stoned devant un film.
C'est noyés dans nos rires qu'on se racontera nos histoires de cul, nos histoires interminables d'hommes et de femmes avec la participation de Jean-François, le cousin gay de Marie-Ca, qui ajoutera son point de vue ambivalent. Début de soirée rituel sur le toit. On sortira, je me souviens de la soirée par bribes. A pied, toujours à pied ou parfois en taxi, on rentrera toujours. Je touche le lit et je m'endors illico pour me réveiller le lendemain toujours dans mes fringues !!
Vous avez vu le film « Reality bites » avec Winona Ryder? On est exactement dans ce genre de co-habitation adolescente bordélique. Je suis là depuis quelques jours, je claque un pognon démentiel et encore on ne sort pas en boîte ! Demain direction LA CITY.

New York - 2nd

(Alors, New York, New York, me replonger dans mes cahiers me donne envie d'y retourner…)

On continue. Je partage ce voyage donc avec Matthieu surtout, Caroline et Marie-ca sont dans un délire bien trop girly qui me saoule. Ça tombe bien parce qu'accessoirement on doit quand même parler de notre escapade Asiatique avec Matt. Lorsque je lui avais parlé de mon projet de partir 6 mois en Asie sac à dos, il m'avait dit immédiatement qu'il voulait partir avec moi. Je ne l'avais pas trop pris au sérieux au départ, bien décidée à partir seule de toute façon.
Il me confirme là, dans nos trekkings citadins qu'il m'accompagnera.
On se retrouverait à Paris et on partirait en Octobre pour la Thaïlande, la Malaisie, l'Indonésie. On est d'accord! Mais en attendant on peaufine New York.On avait décidé de traverser LA CITY, Wall street et c'est ce qu'on a fait. Les Twins Towers[9], tous ces skyscrapers, « démesurément too big », on a changé d'architecture radicalement en comparaison avec notre « East Village ». Le business man est la faune la plus représentative de ce côté de la ville!! Ah, ça ne rigole pas du tout, ça cavale! Ça m'impressionne.

---

9 qui existent encore en 1997

On y retournera plusieurs jours d'affilés, il y a trop à voir à chaque corners.
Nous sommes devenus des « walking machine ». Le trajet nous fait papoter sur notre voyage futur. Une pose dans ce café, respire cette fumée trop chaude, cherche l'air frais d'une clim voisine, prends en photo tout ce que tu vois letice, même avec tes yeux, parce que ces moments sont d'exceptions et ça passe vite!Les quais, remonte jusqu'à la 5th Avenue légendaire puis l'Empire State Building et enfin Central Park. Central Park, quelle folie!
Au milieu de cette ville démesurée se retrouver dans ce calme ça paraît irréel!! Pour moi c'est le vrai New York. C'est contradictoire. C'est un bruit incessant et tout à coup traverser ce parc, calme plat…. Chacun vit dans sa bulle de speed et fait tourner cette ville H24. C'est une ville où le terme « je prends mon temps » n'a aucun sens! Tu ne sais pas bien pourquoi, tu ne marches pas à New York, tu trottines, toute la journée! Tu es speed à New York, même en vacances. J'aime ça.
J'ai presque ressenti de la fierté, lorsque enfin arrêtés à un coin de rue avec Matt, nous avons réussi à poser nos derrières mortifiés, sur des marches, afin de déguster « the famous hot dog »! Au milieu d'une cohue oppressée, dans la chaleur on souriait benêts: « encore un petit hot dog? Oh Yes!! »   C'est mythique, ça aussi comme moment!!!

Parfois, sortant de la maison vers 13h, arrivé 19h, je n'arrivais plus à faire un pas devant l'autre. Alors tu hèles un taxi, te faufiles à l'intérieur et là, tu glisses dans cette voiture. Tu es épuisé, ce taxi ne roule pas il dérape à travers la ville!! Tu en as trop pris dans la tête en 6h de temps. c'est parfois agressant, au milieu de cette agitation, tu te sens seul!
Les galeries d'arts, le bonheur…..Je ne sais plus combien j'en ai vu, dans tous les styles possible et imaginables. The Metropolitan Museum, une autre claque et quelle claque, pff! (Le prix de l'entrée une donation dont chacun décide le montant, je trouve l'idée génial). On ressent presque de la frustration de ne pas pouvoir tout voir, tout ingurgiter plus rapidement.

Tout à coup, une pluie diluvienne s'abat sur la ville. Enfin stoppé pendant un court instant, il semblerait que tout le monde ce soit mis en pause. Ça sent la fumée froide tout à coup. On est à l'abri. La pluie s'arrête, c'est reparti mon kiki!!!

Autre particularité, tu te pelles latéralement dans les restos, au début tu penses être au frais, après dix minutes tu as froid, à la fin du diner tu es congelé; The bill please! merci la clim. Et merci « the bill » aussi. Déjà tout est cher, mais dans les restos tu ne penses pas au début, qu'au prix tu dois rajouter les taxes et le service obligatoire! Le comble du comble c'est qu'on nous a refusé plusieurs fois de payer en carte! Pardon?? Ici, on ne peut pas payer en carte? En plus d'être hors de prix, il faut du cash! ok!!
Bref, ma nouvelle mission, après les incontournables de New York, après toutes ces boutiques, restos, bar, cafés, galeries, visites: les TATOUEURS.
je vais me faire un tatoo à New York, symbole du départ proche pour l'Asie.
Parce que je ne vous avez pas dit mais, lorsque j'ai vécu à Londres un an, je me suis faite tatouer mon premier tatoo dans Soho, au milieu des sex shop. Un petit papillon, dans l'aine, caché sous la culotte, sans noir, juste rose, bordeaux et vert orne ma peau comme symbole de liberté éphémère. Oui Madame…! Chaque grande aventure longue méritera sa marque sur mon corps. Je trouve l'idée très romantique.
Donc, ici c'est obligatoire. Après avoir demandé à différentes personnes, rencontrées au hasard, dans des boutiques, des bars, je finis par avoir une petite idée de celui qui me le fera, il faut que je passe à son atelier.
Je recommence à penser bien trop souvent à Michael, que j'ai quitté avant de partir. Je pensais que ce serait tellement facile de le haïr et d'oublier. Mais non, les semaines passent et je ne me souviens que de détails mignons. J'ai envie de l'appeler, d'entendre sa voix. Je me retiens, pour l'instant c'est la 47eme sur la 2nd Avenue, Dave le tatoo man, « here I come ».

Inoubliable New York, j'en garde pour le prochain article…

New York - 3rd
GET HAPPY GET A LIFE

Une journée qui commence encore au « Limbo » avec Matt. En relisant mon journal de New York, ce rituel matinal me donne la sensation que c'était à peine les yeux ouverts qu'on se trainait encore chiffonnés dans ce petit bar pour prendre notre petit dej. Les yeux encore collés, les cheveux en vrac, « salut Gina (pour ne pas dire maman) manger, miam miam, café au lait énorme, blue berry muffin, scones, merci on est au fond »! Bien sûr j'exagère mais l'état d'esprit était celui là.
Avec Matt, on est toujours d'accord, souvent sur la même longueur d'ondes, « fripperie today, ballade, park, galleries? » On s'entend, et là il est temps de sortir un peu. New York de nuit, toutes les nuits, des nuits différentes. Je ne suis pas une fana de boites, ne l'ai jamais été. Mais, là évidemment, l'occasion et l'endroit font le larron!!!
Donc, fripperie pendant quelques jours, où finalement on fera le gros de tout nos achats. Des fringues vintages que je vais garder pendants des années, jean, jupons, veste, t-shirt, sweet à capuche, Timberland. Cool. Je vous laisse imaginer notre style en boîte! Vive les sketba et « les BeeGees voudraient récupérer leurs chemises »!!!
Une de nos soirées marquantes, au Lulu's Bar, tout jaune, le bar était juste jaune…. parsemé de drag queen par-ci par-là, fabuleux. Drôles, exagérés, trop sexy, trop ouverts, je trouve intriguant leur délire dans lequel je rentre tout à fait. Leur play back, leur jeu, Matthieu doit encore courir chercher du cash, because une fois de plus le bar ne prend pas de CB et moi je n'en ai pas assez non plus. J'observe ce petit monde, je souris, j'adore me retrouver dans des situations inhabituelles.

Ensuite Time Square, la nuit, tu dois voir Time Square…. Tu marches, tu marches, bras dessus, bras dessous, à te raconter des conneries toujours avec Matt, on a bu bien sûr et on est plus à 8 blocs prêt!!! Plus de 1h pour rentrer à pied via Broadway!! Un jour on se fera un ciné sur Time Square, « Chapeau melon et botte de cuir », je crois que c'est un des cinémas les plus pourris qui m'ai été donné de voir!!! Vieux et sale, puant, j'y croyais pas mes yeux!! Le pop corn taille USA, je n'arrive même pas à marcher avec, n'importe quoi la taille! Time Square, c'est dans la rue qu'il faut être!!

Un autre soir, c'est au « Life » que ça se passe: GET HAPPY GET A LIFE…. oui on arrive. A pied toujours.
- « Bar, Buzz (4 lattes = déchirés) Dj, pas d'alcool fort dans ce bar donc, il est 1h du mat, on peut y aller!!!
- « C'est où? Par là, Broadway, tout droit, dernière à gauche….. » (tu sais lorsque tu montres le chemin vaguement avec ta main vers la direction) »
- « Pas grave, on trouvera… »

Ça démarrait souvent comme ça nos soirées. Finalement le « Life », (Get a LIFE, ouiii) 4 salles énormes, gay très gay, les gogos sont nombreuses sur de hautes tables, des body buildés aussi (mais alors qu'eux sont ridicules, les nanas sont hallucinantes!!) Une asiate particulièrement belle, coquine, demande des yeux à boire au barman qui s'exécute rapidement et le jeu s'enchaine avec les autres aussi! Tu sens une bonne ambiance dans cet endroit, il est encore tôt. Ce soir c'est House! Beaucoup de blacks aussi. On se déchaine pas mal. On se perd un peu tous pour se retrouver un peu plus tard, toujours avec Matthieu. C'était pas une bonne idée ces derniers shots de tequila, il faut sortir. Tu sais lorsque tout te parait être en blanc et noir, les images qui défilent trop vite, ces mots que tu ne comprends plus très bien, ces voix qui se mélangent avec la musique. La nuit tous les chats sont gris, on dit, moi je te dis que la nuit non seulement les chats sont tous trop gris mais en plus de ça les chats osent te frôler, se frotter et s'il faut te griffer. Faut se barrer.

Taxi!!!! Fenêtre ouverte, il va très vite, New York défile sous mes yeux plissés. Il est tôt, le soleil se lève… On s'en fera que 2 de plus des soirées pareil dans d'autres endroits dont un, je me souviens, le « Twilo ». Encore une fois bien attaqués à la Tequila, qu'on avait acheté avant de se diriger vers la boîte. Acheter une bouteille avec ton ID évidemment sinon tu n'as pas le droit et surtout bouteille planquée dans un sac, dans la rue. Déchirés, c'est le mot. Dans cet endroit la music était tellement forte qu'elle te résonnait dans la gorge, un enfer!! Énormément de monde, très serrés, Deep House, trop pour moi, je m'en vais. Une petite « Sausage » grignotée au coin de la rue, un petit bavardage avec un inconnu.

Bref, par curiosité j'y vais, ce serait fou d'être ici et ne pas voir la vie nocturne de New York.

C'est un lendemain de fête, que je retrouve Dave…. Dave mon tatoueur…. Leur studio est impressionnant, ils sont 3 mecs à tatouer ainsi que 2 nanas, tatouées de la tête au pied, percées aussi, plus leur amis qui vont et viennent. Tu demandes presque la permission pour parler.

« Je sais que je veux un soleil, sur la cheville droite, il faut que tu m'aides pour le dessin ». Je porte ce collier avec un petit soleil vert en pendentif depuis des années, je l'adore et je veux le même gravé sur la peau. Symbole de bon présage, de force, mon soleil sourit, et puis c'est le départ pour le soleil d'Asie bientôt. J'emmerde ce pauvre type, littéralement il n'y a pas d'autre mot, jusqu'à ce que j'obtienne exactement ce que j'ai dans la tête. Pas de noir non plus sur ce tatoo. Le mec me hait maintenant c'est sur! C'est parti. Mon dieu ce que j'ai jonglé pour celui là. Il n'y a pas de petite chair ou de grassouillou à cet endroit du corps, j'ai l'impression qu'il me griffe l'os de la cheville. Il le voit bien et se marre. Il me dragouille un peu l'abruti et avec son petit sourire en coin: « you don't like pain, do you[10]? » Non, pas ce genre de souffrance, non. Et si j'avais pu te mettre un mawashigueri à l'instant je l'aurait fait tellement tu me tortuuures!! Notre Dave est un surfer et traveller aussi, il sourit, « votre premier voyage…. et surement pas le dernier… »
Le tatoo est super mignon, je suis ravie. Tatouée à Londres dans Soho, tatouée à New York, j'adore!! Next!!
On finira nos dernières nuits à matter des films jusque tard dans la nuit, avec ce bruit incessant des rues de New York en fond. Je repars, mon épisode USA se termine là pour l'instant. Je vais rentrer préparer mon sac à dos. Surement revoir Michael, que je n'ai pas appelé finalement, même si l'envie ne m'a pas lâchée de tout le séjour. On a pas de portable encore à l'époque, c'est plus facile de ne pas le faire. J'ai hâte de voir si mon estomac se retourne lorsque je reconnaitrai sa démarche, si son regard est doux lorsqu'il me revoit. Mais quoi qu'il se passe, je partirai 6 mois en Asie dans 2 semaines. Merci New York

---

[10] tu n'aimes pas la douleur, toi non?

Fin de NEW YORK

Je vais rester un mois entier, à marcher à travers la City et me sentir comme Daryl Hannah dans Walt street. Ou en déambulant dans Manhattan j'imaginerai Diane Keaton et Al Pacino me proposer un café. J'ai dû m'habiller comme Meg Ryan pour chercher un bouquin comme elle dans Quand Harry rencontre Sally… Faire un jogging dans central Park…. Time Square by night, vous avez compris tous les clichés je les ai vus et vécus! Mais s'il y a bien une ville où j'aimerai retourner, c'est bien elle.
Ce n'était pas prévu qu'avant de partir en Asie 6 mois, je décide de rejoindre Matthieu là bas, ça entamera bien mon budget. Je me fais tatouer le soleil que j'ai autour du cou depuis quelques années déjà, à la cheville droite. Inoubliable ici, symbole de liberté de chance et d'un nouveau soleil sous lequel on va aller brûler…
Les frippes Mod's sont à tomber à chaque coin de rue, les décos des petits shops et bars ont chacun leur tempérament, t'attirent et te font craquer.
Je n'ai pas de nouvelles de Michael, j'essaye de ne plus en avoir envie. Donc inutile de vous dire que je n'y arrive pas du tout. Je me sens libre ici. Je suis venue seule et même si tu partages un appart ou que tu as rejoins un ami, décider de partir en voyage fais parti de ta vie désormais. Tu sais que tu peux le faire seule. Tu sais que ce n'est pas compliqué, pas dangereux, c'est juste une aventure que tu décides de vivre. C'est ce sentiment qui accompagne tous les travellers, je pense, tu n'as plus d'appréhension de quitter un quotidien. Tu peux y revenir quand tu le décides. A cette époque, je le découvre.
Bye Caroline, que je ne reverrais jamais, qui je sais a fait une belle carrière en tant qu'agent de photographes. Marie-Camille je ne sais absolument pas, son cousin non plus, peut être sont-ils restés mordus à New York eux aussi.
Matthieu pendant ce court séjour décidera de voyager avec moi en Asie.
Matt, on se retrouve à Paris, fin octobre.

DEPARTURE

On se retrouvera à Paris chez lui. On va se préparer chacun de son côté, nos sac à dos, avec le minimum dedans d'habits, de trousse de toilette et médicaments. Pas mal de pellicules photos et videos, parce qu'à l'époque l'iPhone n'existe pas encore. Je prends des photos avec un appareil Canon Reflex. Sans voir le résultat de la photo prise avant le développement!! Et Matthieu a décidé de filmer avec un super 8, donc bobine aussi!!! On a plus de pellicules dans nos sacs que de slips!! Nous n'achèterons qu'un billet aller-retour pour Paris - Bangkok, six mois. A nous de nous disperser à notre guise en Thaïlande, Malaisie, et Indonésie et revenir à Bangkok à temps. Le Lonely planet en poche et rien d'autre de prévu! Juste Koh San Road en tête, le temple du traveler à Bangkok pour passer une première nuit sans réservation, commencer à laisser faire le hasard pour nous.
Nos parents nous laisse disparaître, sans moyen de nous joindre, les emails commencent à peine à se propager dans nos habitudes et nos parents ne savent pas encore les utiliser. Il faudra qu'on les appelle de temps en temps dans des call center pour les rassurer de nos survis! Et nous l'avons fait.

J'ai revu Mika une dernière fois avant de m'envoler pour Paris. Sûrement pour la scène tragique que je savais que j'allais vivre, pour me tester aussi. Nous nous sommes donner rendez-vous sur une plage, près de la Désirade.
Il est arrivé en moto, stoïque comme à son habitude. Et oui ça démarche me tord les boyaux. Difficile de se voir et de se faire la bise, un léger bisou frôlé sur les lèvres pose le moment. Je lui explique mes sentiments cash, sans filtre, mais paradoxalement doucement.
Je n'ai plus peur de lui dire que je l'aime sincèrement mais que je vais quand même partir six m
ois.
Que nous deux pour l'instant c'est fini parce qu'on se fait trop de mal et que ma soif du monde est trop forte, qu'elle me dévore. Qu'il ne souhaite pas de cette vie. Je suis triste et fière à la fois de lui montrer que je vais vraiment faire ce voyage dont je lui ai tant parlé. Que ce n'était pas une connerie en passant, ou un rêve qu'in ne réalise jamais. J'en profite aussi pour lui dire qu'il devrait retourner au Sénégal, rencontrer l'autre moitié de sa famille qu'il ne connaît pas. Il est ému, le regard droit et fier, mouillés de larmes comme les miens, mais il sait que j'ai raison: de partir, de nous quitter et de le motiver. On verra bien ce que la vie nous réserve. Et puis moi au fond, égoïstement, je sais qu'il n'est pas très loin, qu'il va continuer à travailler dans le restaurant de maman et qu'il pensera à moi du coup. On ne s'éternise pas trop, encore un bisou, je le renifle une dernière fois, son odeur que je reconnaîtrais entre mille. On est reparti.

J'ai le sentiment que partir en Asie c'est encore un niveau au dessus dans l'aventure. Aucun pied à terre, aucune connaissance, ou copains qui nous attend, aucun hôtel réservé, juste le billet c'est tellement moins cher et qu'est ce qui peut nous arriver de mal… Rien… J'ai la chance d'avoir le cerveau pris par ce projet. Je ne souffre pas, trop excitée à l'idée de partir, ou de fuir…

Khao San Road

Je me souviens de cette vague de chaleur humide qui t'attrape le fond de la gorge, juste là, à la sortie de l'aéroport…. Tu es là debout, arrêt sur image, sac au dos, les portes automatiques viennent de se refermer et face à toi les taxis Thaïs!!

Ils t'ont repérés avec ton Lonely Planet à la main: « Khao San Road, Khao San Road… !?» C'est parti.
Oui Khao San Road, la Mecque du voyageur égaré. Et oui au Taxi, on ne poussera pas le comble du roots jusqu'à son paroxysme et prendre le bus local!! On vient de s'enchaîner 11 heures de vol et le taxi aura son folklore aussi !!!
Nos travellers chèques en dollars, planqués dans nos sacs, ce sont nos $ en cash à porter de main, (on a pas encore de Baht, la monnaie Thaïlandaise), qui nous amèneront à bon port! Tous les deux à l'arrière, on découvre la conduite au klaxonne!! On est au beau milieu de l'après midi, on passe sous de nombreux ponds, je ne saurais dire s'il y a 2,3, 4 ou 6 voix par moments! On sourit. La nouveauté rend tout géniale. Tout est aventure. Le taxi file comme si ce n'était que l'unique course qu'il faisait tous les jours.
On s'était dit avec Matt, on évitera quand même, les endroits trop touristiques, pas de grands hôtels, pas de resorts, pas de Pataya ou Phuket, qui, déjà il y a vingt ans n'étaient que le Juan les Pins de la Thaïlande les putes avec.
On cherchera les endroits les plus authentiques possible, nous éviterons les chemins écrits d'avance et surtout les visites trop touristiques.
Je vous explique un peu notre état d'esprit (surtout le mien, je crois, :)). Il est important de comprendre, parce qu'il va se peaufiner tout le long du voyage et il ne me quittera plus. C'est le point sur lequel j'aime insister en vous partageant mes histoires. Pas d'endroits surfaits, ni d'happy Hours, ni d'attractions ou divertissements débiles, je pensais limite vivre chez l'habitant. On va vivre un entre deux.

Avoir en tête quelques buts à atteindre, une idée, un projet, un rêve et laisser la vie faire le reste. Aussi petite ou grande soit-elle, cette idée, si elle persiste dans votre tête, la vie vous mettra sur votre route les personnes, les endroits, les détails qui vous ressemblent et qui vous guideront. Qu'il ne faut pas craindre de ne pas tout avoir organisé, que l'imprévu amène souvent les plus belles histoires, celles dont on se souvient. Un subtil mélange entre, provoquer le destin et savoir se laisser porter. Cela marche en voyage mais dans la vie tout court aussi. Rien n'arrive par hasard.

On sait pertinemment qu'on ne verra pas tout, et ce n'est pas le but. On va éviter les emmerdes et embrouilles en tout genre, ça c'est sur! Alors Khao San Road, c'était juste une mise en jambe facile et mythique.

Evidemment le soleil brille, la saison des pluies est terminée, le taxi nous dépose non loin de la fameuse! On marche, je dirais même qu'on peut suivre le flow des nouveaux arrivants. Nous, on suivra les stylés « Backpack » s'engouffrer dans les petites ruelles adjacentes à la Khao San Road, laissant les grosses artères « aux touristes » :) et de cette manière choisir une des Guesthouses conseillées sur notre guide (qu'on utilise pour l'instant).

On croise de tout, les moines se mélangent aux enfants nombreux en uniforme d'école, aux Thaïs plutôt modernes et d'autres plus traditionnels.

Des familles entières à 4 sur une petite moto se faufilent entre les « Tuk Tuk » (mini camionnette à 3 roues utilisés comme taxi local). Lorsque l'on débusque notre premier nid, il nous éloigne du brouhaha incessant.

On entre par la terrasse, où un bon nombre de « comme nous » grignote ou boit un verre de « Banana lassy juice ». On peut voir la différence entre ceux qui sont là depuis un moment et ceux qui viennent de débarquer. Nous on fait parti des bleus!!!

A l'époque, c'est à dire en 1998, une chambre nous coûtera en moyenne entre 100 et 150 baht, soit 10 à 15 Francs, 1.5/2€ la nuit!! Parfois avec le petit déj inclus! Budget serré mais on est là pour plus de six mois quand même! Un matelas, une moustiquaire, conditions sine qua non sinon je ne dors nul part! Parfois un ventilo, jamais de clim! Salle de bain ou plutôt devrais-je dire douche, évier et voilà! On a 20 ans, on s'en fout complètement!

Nous partagerons toujours notre chambre avec Matt, parfois le même lit sans que jamais rien ne se passe entre nous. C'est mon pote de toujours depuis la maternelle, un frère. On s'enfile notre pilule anti paludisme (au début, on la prend toujours, mais ça ne va pas durer longtemps) une petite douche, on réalise un peu, on se pose, on papote; on va rester quelques jours ici. On a pas envie de dormir, 5h de plus en Thaïlande, pour nous l'après midi commence.

Khao San Road, street food on arrive....

Letice in WonderLand
Sentiment du jour

j'en avais rêvé, nous voilà marchant dans les rues de Bangkok, nous avons rejoins Khao San Road. La nuit tombe et ça sent bon… ça sent les brochettes de porc au caramel, les fried rice with chicken and veggies… ça sent bon le curieux ! ça pétille ! Nos yeux se baladent partout. Côte à côte, avec Matthieu, on s'arrête par-ci par-là, on goûte a beaucoup de choses.
Beaucoup de monde remue. Tout le monde vaque à ses occupations, personne n'a remarqué que nous venions juste d'arriver. Peut être y en a-il d'autres comme nous? Sûrement même.
Nous sommes encore bien coiffés, bien préparés. Le voyage ne nous a pas encore maquillé de sa trace. Nous sommes encore vierges, dans l'attente du premier souffle.
Nos pièces très personnelles sont encore dans une pochette ceinture, cachés sous notre pantalon. Nous n'avons pas nos repères évidemment et nos yeux résonnent d'interrogations.
Doucement, sans nous en rendre compte, nous prendrons place. Nous discutons surement de tout et de rien, comme à notre habitude. Matthieu me fait sûrement remarquer la musique alentour. Matthieu est notre jukebox ambulant.
Si j'ai eu de la musique pendant ce voyage, ce n'est que grâce à lui. De la même manière que j'avais pensé à mon appareil photo, il n'avait pu oublier son matos de musique!
Je ne saurais dire à quel point je suis heureuse à ce moment là.
J'ai l'impression d'être au bord du précipice, seulement en bas, au fond, c'est un lagon turquoise qui m'invite à sauter. J
e suis tellement heureuse d'être parti en voyage. 6 mois d'aventures nouvelles tous les jours, 6 mois de totale liberté. Avec mon meilleur ami.
 On ne peut pas être plus comblée que moi, à ce moment là. Je me suis rarement sentie aussi vivante qu'en voyage, mais ça, je n'aurais la confirmation que bien plus tard, en y repensant.

Demain nous verrons par où nous commencerons, les klongs, le palais, comment y aller.

It's a crazy mad wonderful idea…. !

Le Palais
Phra Borom Maha Ratcha Wang

A vrai dire, je ne me souviens que des images gravées sur ma pellicule. Le palais du Roi à Bangkok est un endroit impressionnant : riche, majestueux, à voir bien évidemment. Je ne me rappelle pas d'une rencontre particulière ou de quelque chose de marquant, juste de l'immensité de cet endroit.
Je me remémore des couleurs, rouge, vert, exubérantes qui s'effacent soudain sous l'or des Bouddhas exposés dans certains temples. D'imposantes statues de guerriers soutiennent symboliquement ses murs épais qui te font passer dans une autre époque une fois franchis.
On a visité le palais habillés de manches recouvrant nos bras et de pantalons longs. Heureusement notre Lonely Planet nous avait prévenus : « sortez couvert ! » Pas de panique, en cas d'oubli, on te prêtera à l'entrée des habits pour ne pas offenser les dieux. Le lieu est quadrillé par une foule de touristes quelle que soit l'heure de la journée.
C'est magnifique et je pourrais en disserter sur 50 lignes mais who cares ? Des guides spécialisés le feront mieux que moi. MOI, j'ai préféré le chemin pour y aller, le tuk tuk qui glissait à fond entre les voitures. J'ai aimé notre marche pour arriver devant les portes du palais et déguster pour 40 baths un succulent fried rice sur le marché situé en face. L'objectif du jour était d'atteindre ce palais : trop facile :)

En fait, je suis heureuse de l'avoir vu mais je pense déjà à ce qui va suivre, à ce qu'on fera après. C'est comme si je me disais : « Ok. Ça, j'ai vu ! Je coche ma liste. What's next !? ». J'ai constamment cette impatience de vouloir voir plus, d'être déjà à la prochaine étape. Parfois je ne profite pas assez du moment présent car je suis déjà plongée dans ce qui pourrait être la prochaine étape ou aventure. Je cherche désespérément quelque chose et j'adore ce speed intérieur.

Non loin de là, nos yeux avaient repéré la rivière Chao Phraya, surnommée les Khlongs de Bangkok… Ça, ça m'excitait déjà beaucoup plus…

Le lendemain donc, nous voilà partis pour les Khlongs.

Tuk tuk, marche, bon miam miam différent : du bœuf à la citronnelle, un curry à la noix de coco, les noodles aux légumes sautées, les minis brochettes, des centaines de salades diverses… On grignote pas mal quand même : tout est bon !

Une assez grande communauté de thaïs vivent au bord de cette rivière, pour ne pas dire SUR la rivière. Des petits restos flottants, des petites boutiques installées sur des bateaux te suivent en te proposant 1001 choses dont tu n'as pas besoin, mais qui sont si joliment présentées, si peu chers, que tu baves

d'envie et que tu veux tout acheter ! Les enfants sautent des toits, se baignent dans cette bouillasse marron comme si c'était de l'eau cristalline alors que toi, si tu tombes dedans et que tu bois la tasse, on te met en observation pendant 8 jours dans un centre anti-poison (si tu n'es pas mort d'une maladie du moyen-âge avant).
Bien sûr, tu te balades comme beaucoup de touristes mais on est que tous les deux sur ce petit bateau, avec son fier capitaine qui nous trimballe à travers ce labyrinthe. Tu as l'impression de vivre un moment d'exception, "toi seul". Tu as l'impression d'avoir découvert une autre manière de vivre, un fleuve, une civilisation et pour un peu, tu te prendrais pour Marco Polo ! Bien sûr, tu as affaire à des commerçants, on te sourit largement, mais l'ambiance est bon enfant et tranquille. J'ai encore la bande son qui défile dans ma tête : leur voix lancinante, pincée et sur-aiguë prononçant un dialecte incompréhensible « ting wang chii ti… » Ça nous a beaucoup plu.
Nous n'avons pas prévu de rester très longtemps sur Bangkok. Matthieu n'a pas spécialement envie de se faire le quartier des putes le soir et à l'époque, je n'ai pas non plus la curiosité de m'y perdre. Nos soirées sont plutôt bercées par l'improvisation des rues bondées ; le premier petit resto qui nous inspire est pour nous.
La prochaine étape ? Le Nord. On va d'abord se faire *Chang Mai*, *Chang Rai* et leur tribu, notre premier *trek*, le triangle d'or avant de rejoindre le Sud, plus tard. Touristes vous avez touristes? Bah oui là forcément inévitable, on tombe dans le panneau!

On verra ça demain.

Chang Maï

Le lendemain on se ballade autour de Khao San Road, après notre petit dej préféré, banana pancakes with honey, un thé, un jus d'orange pressées, quelques baths pour ne pas dire rien du tout, l'équivalent de 3 ou 4 francs, même pas 1€.
Beaucoup de minis bureaux/boutiques/agences de voyages te proposent de voyager dans toute la Thaïlande très facilement, par tous les moyens possible et plus ou moins cher. Comme à notre habitude nous allons chercher, en survolant tous ces prix affichés, sans jamais se fouler beaucoup! Les prix sont dérisoirement bas et on n'est pas du genre à se battre pour 1 ou 2 francs de plus ou de moins!
Notre moyen de transport de prédilection va devenir le bus! Et celui là sera notre premier. Au début les 10/11h de trajet nous fera tiquer un peu. Avec le temps qui passe on s'enfilera les heures jusqu'à 2/3 jours parfois de voyage sans le moindre soucis!! Un livre, de la music, dormir, plus les paysages qui défilent et les gens qui t'entourent, le voyage est en soi un voyage!
C'est donc parti pour le lendemain soir! A l'époque 300 baths (max 30 frcs, 5€) le voyage nocturne dans un bus loin d'être first class, juste normal, avec la climatisation quand même, peu de locaux et beaucoup de travellers comme nous, sera la parfaite équation.
Comme on sait que l'on part pour Chang Mai et faire un trek, on a booké avec le bus, une petite guesthouse, que l'on a choisi sûr. Des personnes te repèrent à la sortie du bus. Plus facile que ça tu meurs!
Ça nous laisse le temps, de zieuter tout ce que l'on pourrait ramener en France, on ne part que le lendemain. Un bon nombre de boutiques qui vendent « du silver, silver », des bagues, des bracelets, boucles d'oreilles. Tu reconnais ce que tu vois dans nos boutiques sur la côte!! Tu calcules la marge que se font ceux qui font leur marcher ici surtout!!!! On se dit qu'au retour on fera les courses, juste avant de repartir pour Paris! Tous ces petits accessoires de décor pour la maison, lampes, boîtes, tissus, coussins triangles repose tête et j'en oublis des km... Y a tellement de choses...
J'ai dû faire un tri dans mes photos, j'en ai trop.
le TREK:

Photo1: les éléphants, première rencontre, premier face à face irrésistible. Une force tranquille. Une ballade à travers la jungle pour rejoindre notre campement. Avant les quelques heures de marche qui nous attendent.

Photo 2: Au dessus de voir où nous serons assis, l'éléphant. Très touristique, d'ici!!! Mais nous avions agence, donc nous n'étions groupe de 8 personnes et Matthieu, tu peux sur le dos de je sais je t'entends choisi une petite qu'un petit pas 35!!

Français, Américains, Japonais, Vénézuéliens. On va partager 3 jours ensemble. Mais je sais, aujourd'hui je ne le re-ferai probablement pas! Trop préoccupée par l'esclavage des éléphants. Mais à l'époque on est pas conscient de leur souffrance.

Photo 3:
On a laissé notre guesthouse pour dormir dans la jungle chez les Karens, un peuple des montagnes.

Photo 4: Un des petits ponds en bambou fabriqués pour rejoindre la jungle, au début du Trek. C'est parti pour quelques heures de marche, il fait chaud, tu ne sais pas encore ce qu'est un trek, tu te prends pour Indiana Jones, et c'est tellement bien organisé que tu ne vois pas les autres groupes qui font la même chose que toi ailleurs!

Photo 5:
Première vision en arrivant dans leur village. Après avoir passé des rizières, au milieu de la jungle. Une femme Karens qui trie le riz. On reconnait cette tribu à ce tissu rouge qu'elle porte sur elle. On en achètera bien sûr. Je l'ai toujours.

Photo 6:
La cabane où ils vivent et un exemple de là où nous passerons nos deux nuits aussi. Le toit est fait en feuille de bananiers. Sous la maison vivent les animaux de chaque famille, symbole de richesse.

Photo 7: Une femme portant son enfant au coin du feu, le soir. Je suis rentrée dans sa cabane à elle. On avait pour seule lumière le petit feu qui brulait. Une petite pièce pour toute la famille. Ça avait été une surprise qu'elle me laisse voir son intérieur, généralement ils ne le font pas, mais j'avais sympathisé avec quelques uns de ces 5 enfants! :)

Photo 8: Le matin dans un autre village, la pose petit déjeuner. Siii, on a fait chauffer du café sur ce feu… c'est bientôt l'heure de repartir. Et nous on est heureux.

Photo9: si je vous dis arrêt jungle douche obligatoire!!! C'est exactement ça, parce que dans le village des Karens, la salle de bain est extérieur! Donc sortez vos savons, Bath time!
Notre guide, qui venait de découvrir notre douche géante, le paradis est là! Criait-il.

Photo 10: arrêt déjeuner « improvisé » dans une « cabanette » au milieu de la jungle. On dirait pas, mas là on prépare à manger!!! Chacun sa corvée, Matt et moi finissons avec ceux qui nous ont emmené à travers la jungle durant ces quelques jours. Par la même occasion on se dit qu'on va apprendre des petites recettes!! Découper les légumes déjà!!! :)

Photo 11: dernier arrêt perdu je ne sais où dans la jungle. Je me rappelle que même dans cet endroit paumé on nous avait proposé un Coca cola!! Il n'avait rien, mais ils te proposaient du coca!!! c'est fini, on va retrouver notre petite guesthouse. On va profiter de la nuit à Chang Mai, de son marché nocturne et continuer notre route pour Chang Rai et le Triangle d'or.

Chang Raï, Triangle d'or

Trek terminé, direction Chang Rai et le Triangle d'or. Dans un petit bus, c'est vite fait.
Chang Rai se situe au nord de la Thaïlande, à la frontière avec deux autres pays : le Laos et la Birmanie. C'est la première fois que je me retrouve dans une telle situation : être sur un continent et en voir deux autres, séparés par un fleuve, LE fleuve, le Mékong. Je ne sais trop pourquoi mais la simple évocation de ce nom me fait penser à Marguerite Duras et à son roman « L'Amant ».
A mes yeux, ça lui donne une autre dimension, plus personnelle peut être, plus romantique aussi. Certainement plus romantique que ne l'est l'endroit en lui-même. En arrivant à Chang Rai, petite ville sans grand intérêt, nous cherchons surtout à savoir comment nous rendre au Triangle d'or, sans agence et sans organisation.
On se débusque une petite guesthouse, ambiance "cabane dans la montagne", toujours dans le même ordre de prix 100/150 baths la nuit (10/15 francs/2 €). Perchée sur pilotis, à flan de colline, une petite chambre avec vue nous tend les bras…
Après une petite ballade pour repérer les environs, nous trouvons l'endroit où nous mangerons ! On nous a parlé d'un "petit" marché nocturne, enfin… pas si petit que ça ! Je dirais même énorme NIGHT BAZAAR ! Premières emplettes inévitables. Tu ne peux pas te retenir ! (ce qui est d'une débilité profonde quand tu y penses)

On vient d'arriver, on a UN sac déjà sacrément bien rempli, il nous reste six mois de voyage et on achète des souvenirs ! Tu penses, à ce moment là, que ce que tu vois là tu ne le reverras nulle part ! Grosse erreur ! On finira par les envoyer en France par courrier :)

Le lendemain, c'est parti pour THE spot ! Pour nous y rendre, on a trouvé un genre de taxi local. A notre arrivée, nous ne voyons rien de remarquable si ce n'est un endroit de plus surexploité pour les touristes. Mais il est vrai qu'une fois devant ce fleuve et ces deux autres pays, tu es content de ta découverte. Mais encore une fois, l'important et ce dont je me rappelle le plus, n'est pas l'objectif atteint mais le moyen d'y parvenir (et cette fois-ci d'en repartir !).

Nous avons eu la déconvenue de constater que notre très cher taxi s'en était allé (il était supposé nous attendre). Nous lui avions réglé sa première course mais nous supposons que pour le retour, il a dû trouver une offre plus alléchante que la nôtre. On a mis un certain temps avec Matt pour choisir le bon endroit de notre photo souvenir puis nous avons grignoté un petit bout sur le pouce… Et maintenant : on fait comment pour rentrer ? Même pas affolés car on doit être à une vingtaine de minutes de notre nid douillet. Les gens commencent à repartir dans leurs fourgons à bestiaux, leur bus et autres engins de ramassage massif. Je ne sais plus comment on se retrouve à papoter avec un thaï qui a un pick up !! Ils sont déjà dix huit à se partager la banquette avant mais derrière, c'est vide!!! Youpiii ! « Mais non ça ne nous dérange pas, au contraire ! On préfère être derrière et puis regarde dans 5 minutes il pleut, top ! On pourra fumer comme ça, allez hop il accepte de nous emmener ! »Et ce bon monsieur se laissa convaincre de nous redescendre contre casi nada d'argent de poche. Cheveux au vent, nous voilà repartis vers Chang Rai, tout heureux de doubler la chenille de bus. Toute la famille thaï assis devant nous, se marrant de transporter des jeunes européens dans le back side de leur voiture. Et nous encore plus heureux de jouer les "pures", en liberté totale.Nous avons fait une rencontre assez incroyable avec Matthieu dans cette ville. Cela se passait dans un petit resto avec patio intérieur et une petite salle de foot massage[11]. Ça sentait bon le jasmin, je m'en rappelle encore.

On avait repéré ce petit endroit discrètement placé dans une ruelle fleurie. Il ne proposait pas de happy hour mais des petits menus originaux.

Ce soir là, Matthieu et moi avons fait la connaissance de Sandrine et son amoureux de l'époque, Mathieu (un autre, avec un seul "t"). Sandrine avait notre âge et venait de Belgique. Nous avons éprouvé l'une pour l'autre, un réel coup de foudre amical. Pourquoi je vous en parle aujourd'hui ?

---

[11] **massage de pieds**

Tout simplement parce que je ne vais plus jamais perdre contact avec elle. Nous nous suivrons par mail dès notre retour et je la ferai travailler dans la même boîte que moi, saisonnière sur les plages comme vendeuse de maillots

de bain. Nous nous reverrons sur la Côte à maintes reprises et aujourd'hui, mariée à un américain et vivant aux States, nous gardons le contact grâce à Facebook. Tout ça grâce à une soirée passée ensemble à Chang Rai il y a vingt ans…

On dit toujours "qui se ressemble, s'assemble", et bien je te le confirme… Même à l'autre bout du monde. Lorsque tu voyages, tu fais sûrement plus attention à ce genre de choses ou peut-être sommes-nous plus attentifs ? En tout cas, ce soir là, la Bintang beer coule à flot et on papote jusque tard dans la nuit.Cela fait à peine dix jours que nous sommes là et nous ne prenons plus nos pilules anti malaria. Les effets secondaires sont trop forts : maux de tête, vertige pendant le trekking, mal au cœur… Des discussions avec d'autres travellers nous ont confirmé que ces pilules masquaient les premiers symptômes d'une crise de malaria. Il fallait par conséquent les garder en premier soin en cas de crise du palu, mais ne surtout pas faire de préventif. Qui plus est, ces pilules ne te protégeaient pas à 100%. Il vaut mieux préférer les manches longues, les pantalons et moustiquaires aux cachets, surtout pour des voyages long comme le nôtre. Plus de pilule et notre guide Lonely planet reste de plus en plus souvent dans notre sac. On le donnera bientôt pour gagner du poids. A partir du moment où l'on sait où on veut aller, on cherche par nous mêmes le moyen d'y arriver avec l'aide de personnes rencontrées au hasard des chemins empruntés. Quelqu'un qui nous conseillera un endroit ou encore mieux, qui nous guidera vers un autre endroit que celui que nous avions prévu.
Le Nord de la Thaïlande nous a bien plus, mais ça suffit les conneries ! Direction le soleil, le sud, les plages les plus désertes possibles. Vite un BUS !

Robinson Crusoe is back!

« On dirait le sud, plus d'un million d'années…. et toujours en été….. » ou alors « Il me semble que la misère serait moins pénible au soleil…. » lorsqu'on a ça au fond des tripes ça ne vous quitte jamais… Nous on l'a c'est certain. La prochaine mission si vous l'acceptez est de trouver un lopin de terre entouré de mer translucide et le moins surpeuplé possible, Robinson Crusoe is back!! Et on a bien l'intention d'insister!

Oui tu peux rigoler, c'est une mission impossible en Thaïlande, même il y a vingt ans! Alors, notre choix finalement se porte sur koh phangan. Une île en face de Koh Samui, grande soeur déjà bien trop exploitée, et en dessous de Koh Tao, plus petite mais envahie de plongeurs pro et semi pro. Koh phangan est connue par les travellers à cause de ses « full moon parties », d'un côté de l'île et son côté roots de l'autre. Encore vierge des chaînes d'hôtels, restaurants occidentaux et autres happy hours! On avait éliminé d'office Phuket et Pataya combles de « l'industrialisation touristique » qui fout tout en l'air!!!

Pour rejoindre notre île, une dizaine d'heures de bus et un bateau nocturne, on arrivera au petit matin, le voyage nous aura couter 30Frs, soit cinq euros à tout casser. On improvisera pour le bungalow au bord de la mer. On sait que l'on doit prendre des espèces ou changer un de nos travellers cheque parce qu'une fois là bas, rien ne te permets de récupérer de l'argent. Pas encore de route en dure sur l'île, sinon de petits chemins escarpés et rarement bétonnés sur 1m de large!

On traverse un bon morceau de la Thaïlande. Après être revenu sur Bangkok pour descendre dans le sud, la traversée nous semble plus exotique. Il fait très humide. Tu regardes passer le paysage en bus, les marchands ambulants, les petites maisons ou plutôt devrais-je dire cabanes. Tu fais attention à comment conduis le chauffeur, tu t'es vu mourir quinze fois déjà!! Tu lis, Matt chante avec sa musique à fond dans les oreilles. Tu papotes avec « les autres », d'où ils viennent, où vont-ils, pourquoi, comment, combien, fait voir, raconte!!!? Des gens à qui tu n'aurais jamais osé adresser la parole ailleurs, ici tu le fais.
La traversée en bateau est mémorable. Une sorte de gros bateau de pêche avec une longue et gigantesque cabine où on nous place sur des matelas à même le sol, les uns à côté des autres, nos sacs pour oreiller. Les discussions continuent, on se marre, tout se passe tranquillement. On doit être une trentaine à s'être dit la même chose sur cette île. On a tous grignoté un morceau avant d'embarquer. Peu importe où tu manges ici, tout est bon. Petit à petit on s'endort. Quand on rouvrira les yeux on sera koh phanganais!!!

Super aventure ce bateau, différent. On arrive au petit matin au « Thongsala pier », un peu courbaturés et pas forcément affamés, ton corps tangue encore! On avait décidé déjà de ne pas se diriger du côté de l'île où les « parties » se déroulaient, mais plutôt du côté « savage[12] »!!!

Des pick up nous récupèrent et selon où tu veux aller et le style de guesthouse que tu cherches ils t'emmènent. On est plusieurs dans chaque transport. On a bien expliqué en anglais version Thaï ce qu'on voulait: « few people, cheap guesthouse, bungalow next to the sea[13] ».

Premier arrêt, Non! Il est toujours en préparation et fabrication pour la saison qui s'annonce! Deuxième sera le bon!! « Mama guesthouse » nous accueille, une dizaine de petit bungalow à 2m de la mer, 10 Frs/1,5€/Nuit. Ok laisse nous là!

On est arrivé! La Thaïlande c'est aussi ça et surtout ça. Imagine toi, ce calme très tôt le matin, une mer turquoise translucide, très calme. Ça sent les fleurs fraîches. Les bungalows sont en bois et bambous, ils ont une « salle de bain » qui n'est en fait qu'une arrière pièce avec des bacs à eau et des trous dans le sol pour l'évacuation et des toilettes à la turc. un grand lit, une moustiquaire et une petite lampe à pétrole. Tu as évidemment une petite terrasse qui domine la vue à 180° sur la mer. Robinson Crusoé s'était fabriqué la même.

On ne loue qu'un bungalow pour nous deux. Pas parce qu'on est radin, pas non plus pour se faire des câlins d'amoureux, mais juste pour être ensemble en permanence, s'endormir en papotant, en rigolant, en fumant (je vous raconterais dans le prochain épisode), écouter de la musique tard, avoir moins peur des bestioles!!!

Le bouddha de la richesse

On va rester une dizaine de jours ici… On a pas besoin de prononcer les mots pour comprendre que ce matin on va être les premiers dans l'eau… Je sors du lit endormie, et finis d'ouvrir les yeux dans l'eau tiède turquoise dix seconde plus tard…

---

[12] sauvage en anglais

[13] peu de gens, hôtel pas cher, un bungalow près de la mer

Coconut Work

Pourquoi Coconut work? Parce ce que justement à part regarder les noix de coco tomber ou plutôt regarder comment cet homme fait tomber les noix de coco à l'aide de son long bâton, afin d'éviter que quelqu'un ne s'en prenne une sur le bout du cheveux, on a rien à faire, si ce n'est profiter!! Profiter de cet endroit magique, silencieux, paisible, (on entend juste le rouli de l'eau sur le sable).

Magique, une fois que tu as passé quelques petites bestioles made in Thailandia!! Juste vite fait, une petite anecdote, (je hais les bestioles). A peine arrivés dans l'adorable mini bungalow, je pose mon sac à dos sur le sol, je me retourne, quoi...., cinq secondes, pour parler à Matt, je me penche sur mon sac de nouveau et là.... Là, je vois la plus grosse araignée velue, avec toutes ses grosses papattes gesticulant plutôt rapidement sur la toile de mon putain de sac à 3cm de ma main!!!! Ça a dû me prendre 1/4 de seconde pour sauter par dessus la rambarde de la terrasse et être sur la tête de Matthieu:"on change d'endroit!!!"

On est allé chercher la petite madame responsable des bungalows en lui disant: "big spider, on my bag inside![14]" D'une tranquillité exquise, discret sourire, elle est allée voir: "oh mama spider, mama spider[15]". "Oui bah, dégage la, la mama spider, iaarrrkkk!!"
Elle a réussi à s'en débarrasser en la laissant monter sur elle, au niveau de son ventre elle lui a donné des coups de tong répétés. Qu'est ce que c'est rapide ces trucs!! Sur son ventre!!!!
On est retourné dans le bungalow, j'ai immédiatement installé parfaitement la moustiquaire, bien serrée sous le matelas. Sans cet accessoire, je n'aurai pas fermer l'oeil d'aucune nuit dans ce pays...
Quelques minutes plus tard c'est Matthieu que je verrai revenir en sautillant très rapidement dans le bungalow parce que lui justement il aura croisé un "coco snake[16]"... "tu plaisantes"?! Non, non...
Honnêtement, ce sera le premier jour et l'unique jour de tout notre périple où l'on croisera ces bestioles!! Mais à ce moment là on ne le sait pas.

---

[14] grosse araignée, sur mon sac à l'intérieur

[15] une maman araignée

[16] un serpent de noix de coco

Anyway, après cet épisode, on se baigne dans l'eau tiède et transparente, toute la Thaïlande dort encore. On va découvrir ici les meilleurs banana pancake de l'univers et les banana lassy juice seront nos boissons repas quotidiens. On découvrira certaines de leur herbes relaxantes, interdites évidemment mais qui feront partie intégrale de notre parcours, de nos fous rires. Pour Matthieu, musicien dans l'âme, il ne pouvait pas vivre sans music pendant un voyage pareil. On va rencontrer et partager beaucoup de moments exceptionnels grâce à sa guitare. Pour moi, la beuh est parfaite pour m'endormir en paix, je dirais presque avec le sourire!!
Nos journées s'organisent autour de nos ballades dans l'île, au gré des rencontres, où le scooter nous porte. Elles sont morcelées des endroits où l'on décide de manger. Matthieu commence à jouer de la guitare un peu partout où l'on se pose. On doit toujours expliquer après un certain temps que nous ne sommes pas un couple mais juste des supers potes qui voyagent ensemble. Je prends pas mal de photos, en me disant déjà qu'un jour j'en ferais quelque chose.

Lorsqu'on a su que la chute des noix de coco était une des causes de mortalité les plus importante sur les îles, on a sourit en pensant que nous on avait plutôt pensé aux morsures d'insectes géants préhistoriques THAILANDAIS!!! :))

The Massagesss

Que celui qui n'aime pas les massages lève le doigt!! Nous on est fanatique de la papouille!! Tu ne peux pas aller en Thaïlande et ne pas y goûter! Une heure de massage, recto verso, de la pointe des pieds à la racine des cheveux 150 bath à l'époque soit 2,50€… « Massage, massage!! ». Quasiment tous les jours, installé à même le sol, sur le sable ou la pelouse, un paréo, et à toi le délice. Elles ont souvent les mains râpeuses bien que trempées dans l'huile en permanence. Le massage Thaï n'est pas tendre, il te fait presque mal, mais un bon mal, un mal qui te fait murmurer: « fait le encore je t'ennn suppliiie ». De tes doigts de pieds qui craquent jusqu'à ton crâne qui s'épanche, les yeux fermés tu pries pour que ce moment ne s'arrête jamais. Tu es là étendu sur le sable chaud, à l'ombre d'un palmier… Pas de chichilala, un paréo, de l'huile, ferme les yeux et écoute le silence des vagues…
Donc, partout où l'on ira à travers la Thaïlande, on cherchera le masseur, la technique nouvelle, le foot massage meilleur que l'autre. C'est comme ça qu'en sortant d'une rêverie on rencontre Alex et Majid, un couple de parisiens, bien décidés à oublier leur banlieue parisienne pour se dessiner un futur plus souriant. On accroche rapidement, des français à l'étrangers, ça attise forcément la curiosité. On est fasciné par leur enthousiasme et leur projet de reprendre une petite concession de plage avec un Thaï (en tant qu'étrangers tu ne peux pas posséder quelque chose, tu as besoin de t'associer avec un local). Ils nous racontent qu'ils sont prêts avec très peu d'économie et l'aide de parents, de se jeter dans l'aventure, sur cet île, un peu plus loin, une dizaine de bungalows, apprendre la langue et voir venir!!! Je trouve ça génial surtout quand tu sais qu'en France, ne les attendaient que les conneries déjà bien commencées! On visitera, des cascades, un temple bien caché, des petites boutiques où acheter des gourmandises avec eux. Ils se débrouillent déjà bien en Thaï. On s'est promis que lorsque l'on remontra pour Bangkok avant notre départ, on reviendra juste pour les voir dans leur affaire. On est pas des fêtards de full moon party, mais on ira de l'autre côté de l'île, là où elles se déroulent, avec eux.

Cette partie de l'île est bien plus développée, on dirait le balbutiement de Ibiza. Ça nous éclate pour quelques jours, on fera une soirée, sans parler de full moon et je me souviens d'une chose incroyable: selon où tu étais placé sur la plage, sur la pointe, tu pouvais apercevoir d'un côté la lune se coucher et de l'autre le soleil se lever au même moment…

En voyage, étrangement le coucher du soleil prend une autre dimension, tu y attaches bien plus d'importance que chez toi. On est rentré en scooter très tôt à l'aube, je me souviens de ces routes tellement glissantes de graviers, avec ses montées abruptes et ses descentes mortelles, surtout ne pas freiner!!! On allait trop vite et j'avais peur!!

Alex nous a parlé d'un grand Irlandais chauve, ultra baraqué et barge, bouffé aux champis!! Au lieu de manger des champis hallucinogènes il en faisait des infusions, les soirs de pleine lune et il n'en était jamais vraiment redescendu. « Ah ouaih, il faut que tu nous le présentes celui là, un jour! « Of course, on va le voir bientôt, il traîne toujours dans les parages!! » « Cool.. »

Railey - Koh Pee Pee

On ne verra notre grand Irlandais déconnecté aux champis que lors de notre prochaine visite sur Koh Pangan, c'est à dire au retour de l'Indonésie dans quelques mois. Après cette escale de deux semaines sur cette île, il est temps de continuer vers d'autre paradis cachés. Les gekos on les laisse dans notre bungalow aussi.

Oui parce qu'un petit détail que j'avais oublié de vous raconter, et de taille pour nous, l'histoire du Geko!! Au lendemain de notre arrivée sur l'île et de notre mésaventure avec « mama Spider » et le « Coco Snake »!

Après s'être endormis bien emmuraillés dans notre moustiquaire (courageux mais pas téméraires les travellers), Matt et moi dans le même king size bed Thaï de 110cm allons être réveillés aux aurores par ce bruit si fameux. J'ai d'abord senti Matthieu super tendu, allongé sur le ventre, qui me murmurait d'une voix à peine audible: « letice, letice » et d'une bouche sans son « mate! Shut ».

Une paupière à peine soulevée, je le vois me faisant signe du menton de regarder vers le mur où ses yeux étaient fixés. J'en souris maintenant…

Mais lorsque dans la plus grande discrétion j'ai glissé ma tête sur le drap vers la chose, j'ai retenu le putain de sursaut qui m'a envahit le corps! « qu'est cesaoou ce truc? ».

A hauteur d'yeux tranquillement scotché au mur un beau lézard géant de 70/80cm de long et 20 cm à peu près d'épaisseur tout rugueux et langue lancée, qui gueulait d'une voix certaine: « Gekooooo ».

« On sort Matt on sort!! » Evidemment notre engin a déguerpi dès nos premiers mouvements. Il n'a pas sauter d'une rage folle sur la moustiquaire et n'a pas non plus tenté de nous sucer le sang; Mais pourquoi personne ne nous avait parlé de ces gentils gobeur d'insectes?... Une peur bleue pour rien. Quinze ans après je nous vois encore.

Koh Pangan fut une authentique belle surprise, ça va être dur de retrouver cette simplicité? Mouii... Maybe... mais non en fait, une autre aventure se met en place dès que notre sac se boucle!

On reprend nos baluchons chéris direction Koh Pee Pee. On sait que c'est bien plus développé que koh Pangan mais on nous a tellement vanté la beauté de cette île avec cette, comme presqu'île entre deux pans de terre, qu'on espère la découvrir vierge de tout touriste. Doux rêve évidemment, mais pas déçu du voyage.

RAILEY, ESCALE UNE DEMI HEURE:
je me suis emballée, Railey mauvaise pioche?!!

Nos petites traversées en barcounette qu'on adore, l'eau miraculeusement translucide, le sable blanc, la tranquillité des gens ne suffiront pas à calmer mon rejet!

On arrivait d'un endroit vrai (y a 20 ans) et là trop d'hôtels, un spot d'escaladeurs, qui me parait surfait!

On dirait un club géant de vacances!!!

« Matt, on se barre, je ne reste pas là.... immédiatement ». « Tu te fous de ma gueule Letice, on vient d'arriver, de se taper je ne sais combien d'heures de voyage, on reste là, tu me les brises »

Première et unique engueulade avec mon pépère durant ce trip de 6 mois.

J'étais déjà repartie pour la plage par où on était arrivé. Etre dans un endroits où les Thaïlandais seront uniquement nos laquais en uniforme, ça me fait chier. « Leticeeee arrête attends moi bordel!!». Assis dans le sable tous les deux entre nos sacs à dos, face à notre barquette, notre petit capitaine a compris déjà ce qui se passait. On s'énerve sur la plage, on décide tous les deux de notre prochain spot Koh Pee Pee, un bon deal. On a rien à faire sur cette île, 10mn après notre enflammage a laissé place a des rires moqueurs et c'est tout sourire que nous accostons sur Koh Pee Pee Island.

(Pee Pee island, regardez derrière moi, la mer est des deux côtés de la presqu'île)

Don't worry, ses arguments auront raison de ma mauvaise graine. Mon impulsivité a gagné pour Railey et même si Pee Pee a quelques années de développement de plus, elle en valait vraiment le détour.
« On va se trouver une petite guesthouse tranquille, on va se la jouer moins roots quelques jours, voir les merveilles environnantes et on repart, je te promets on ne te confondra pas avec une Americaine ». « fout toi de ma moi, en plus! »
Bref, Il me fait sourire…. et Dieu merci, je l'ai écouté, Dieu Merci!!!
Plages blanches à perte de vu, l'eau à mi mollet bouillante sur des km… On est encerclés par des falaises débordantes de fleurs et d'arbres. Les hôtels bungalows sont coquets et tu peux y débusquer toutes sortes de styles différents, de l'ultra moderne, Zen, arty colorés, Rasta, rootsy. La fameuse vue panoramique de l'île est unique
(voir photo « Hamaca » qui suit).
Et surtout nous passons quelques jours à flotter autour de l'île dans nos fameux « small boat 17» où je crois avoir vu, (et je peux le dire aujourd'hui après quelques barroudages de plus), les plus beaux endroits au monde!! Sans hésitations aucune. Les plus majestueux, impressionnant de calme, grandioses dans le vert et le turquoise, inoubliable. Les eaux translucides, pas besoin de masque pour apercevoir les poissons nager, même au-dessus de l'eau tu parcours l'aquarium, en plus d'être chaude…
Au final une petite semaine de calme et volupté dans un écrin encore plus ou moins protégé, une bulle de douceur. Le pure luxe, mais pas financier, celui du temps et de l'espace. Nous ne sommes que quelques uns sur ces small boat à avoir le temps de profiter de ces moments dans le silence de la mer d'Andaman.
« Je suis richeee » …. :) Ça ne faisait que commencer, deux autres îles vont

suivre et la dernière allait être le summum du paradis sur terre

17 **petit bateau**

Koh Lanta

Salut Koh Pee Pee, on repart après quelques jours, le paradis est charmeur mais l'aventure est plus attirante. « Et qu'est ce qu'il y a après, où on va aller, j'ai rêvé de cet endroit, ce nom me donne envie », « et que va t-il nous tomber dessus encore? Qui va t-on rencontrer? Qui nous racontera sa vie mouvementée, cette personne sur qui on ne se serait jamais attardée chez nous peut être? » Encore une fois, le voyage n'est pas seulement la destination atteinte mais le chemin parcouru pour y arriver. Le but n'est pas que ce soit le plus « safe » ou le plus « clean » ou le plus « parfait » possible, le but est de se faire vibrer, de se sentir vivant. Ça ne sous entend pas non plus, le plus « trash » ou le plus « crade » ou de volontairement se mettre dans la mouise!! Non ça veut tout simplement dire, savoir être à l'écoute de ce qui t'entoure, de la situation, de tes envies, de tes moyens aussi, apprendre à avoir du recul, à rire malgré ton impatience. Parfois dépasser ton appréhension, ou ce préjugé. Ça veut aussi dire de sortir des sentiers battus habituels, se dépasser et surtout profiter du trajet. Te sentir vivant, exagérément vivant! C'est ça dans le voyage qui te change entièrement, parce que ce mode de fonctionnement qui t'envahit petit à petit, tu vas le garder toute ta vie et tu n'auras de cesse de vouloir le retrouver.

Koh Lanta, avant de devenir ce programme de télé réalité, est avant tout le nom d'une île en Thaïlande, si si je te jure!!! Et lorsque nous nous y dirigeons le programme n'est même pas encore un embryon d'idée.
Je regrette de ne plus avoir certains carnets de voyages parce qu'il me manque beaucoup de détails d'endroits, de noms des choses, c'était il y a trop d'années et j'ai donc forcément oublié des tas de choses.
De Koh Lanta, je me rappelle surtout d'une île plutôt plate, de très large plage mais loin d'être les plus belles de Thaïlande.

Elle était encore très peu visitée, très peu d'hôtels et de guesthouse, d'ailleurs la notre « cheap » évidemment fut une des pires du voyage.

The « hut »

Un petit lots de dix huts derrière une plage et un resto sans charme aucun pour nous restaurer. Pas d'électricité dans notre « mini house » et je me souviens de l'herbe qui nous frôlait les chevilles dans la nuit noire pour y rentrer avec notre petite lampe à pétrole. Trouver la petite clef qui ouvrait le petit cadenas de notre porte. J'entendais tous les bruits nocturnes et mon coeur qui battait fort, agripper à Matthieu, juste au cas où quelque chose se glisse entre nos doigts de pieds!! Est ce que j'ai fait quelque chose pour améliorer la situation? Voir mieux, changer de cadenas, acheter une lampe torche? Non évidemment! C'est parce que c'est comme ça que j'adore et Matt aussi. Un détail tu me diras, mais la vie n'est-elle pas une ribambelles de petits détails qui font qu'à la fin de la journée elle a été plus précieuse imparfaite?! Regarde je m'en souviens 1/4 de siècle après.

C'est sur cette île qu'on va nous apprendre à jouer au « Chit Head » (jeu de carte connu de tous les travellers au monde). Quand je pense au nombre de parties que j'ai pu faire avec Matt, aussi mauvais joueur que sublime musicien, (c'est pour te dire le « houlage » permanent durant nos partis, et qu'aujourd'hui je me souviens à peine de comment on y joue!!!
C'est aussi sur Koh Lanta qu'on essaye un autre et nouveau moyen de transport, « la mobylette », à deux!! Sûrement montée et trafiquée spécial Koh Lanta Island. Il n'y a rien sur cette île plate alors on en a fait le tour!
Evidemment, il n'y a pas de voyage sans bobo, sans être malade, sans une bonne turista, sans se faire arnaquer au moins une fois. Il fallait commencer par un de la liste, j'ouvre la bal: mon mollet reste coller sur le pot d'échappement de la merveilleuse!

Le bobo est de taille certes mais si j'en parle aujourd'hui et si je m'en souviens encore today, c'est parce que la marque, je l'ai toujours dû à son infection!! Il aurait été beaucoup plus simple d'utiliser un désinfectant lambda, nettoyer sa plaie régulièrement et le tour aurait été joué. Mais non, là je suis tombée sur un gentil thaï qui travaillait dans notre guesthouse, qui m'a vu boité, qui a vu ma peau sanguinolente et qui m'a proposé sa « natural cure[18] »!! Ça serait dommage de ne pas essayé une médecine ancestrale!! Bah voyons!! Je dirais avec le recul qu'il m'a soigné avec de l'aloe vera d'une plante tropicale inconnu!! En attendant, attentif et méticuleux il vient tous les matins tôt et tous les soirs me remettre sa mixture. au bout de, je dirais trois jours, avec l'humidité, la poussière et son cactus j'ai juste du mal à poser mon pied par terre et j'ai l'impression qu'on me torture à la petite cuillère à chaque pied posé! Moi qui suit douillette en plus ça devait faire un jour ou deux en faite!!!

Bref, heureusement nous rencontrons un couple d'Australiens avec qui la bière coula à flot et qui nous expliquèrent comment ils parcoururent toute l'Asie du Sud-Est pour terminer en Nouvelle Zélande et surtout m'ordonnèrent d'arrêter mon chichilala naturel et de vite nettoyer à l'alcool, elle était infirmière!!! Je me suis exécutée évidemment!
En plus de m'avoir éviter l'amputation ils nous parlent de KOH LIPE, L'île déserte sublime, trois bateaux à prendre pour la rejoindre, Koh Pee Pee n'a qu'à bien se tenir on a trouvé la perle rare!!

---

[18] **un traitement naturel**

Koh Lipe, Mon dieu

Si un Dieu existe, il a crée ce monde un jour en se les roulant sur Koh Lipe…. On croyait avoir découvert en Koh Pee Pee un paradis… Koh Lipe est indescriptible. Je dirais même aujourd'hui, je mesure la chance extrême qu'on a eu de vivre ce moment… De découvrir cette île alors qu'elle n'était pas encore découverte par les resorts et hôtels.

Un genre de bateau de pêche nous amène à mi chemin entre une mer calme, juste transparente et turquoise claire, pour que nous puissions embarquer sur une autre barcounette. Celle-ci nous fera accoster dans le plus bel endroit que je n'ai jamais revu nul part ailleurs, ni en photo, ni dans aucun reportage!!!

Koh Lipe est l'île vierge, petite, belle, fragile, ses plages ne sont que farine blanche, son eau un dégradé de bleu pastels, même les palmiers paraissent dessinés. Une petite brise chaude t'accueille tous les matins.

Il n'y a qu'une guest house sur l'île, donc très peu de visiteurs (déjà il faut en avoir entendu parler de cette île, ensuite il faut savoir y arriver!!) Nous ne sommes pas loin de la frontière Malaise.

Tu la traverses en 10mn dans sa largeur. Tout est resplendissant, doux, rien n'est gâché ou sale, elle sent bon le mélange de fleurs. Le petit village de pêcheurs que tu traverses est joliment fabriqué en bambou et bois. Il y a même une petite école enfouie dans les fleurs et les arbustes. Les enfants ont de petits uniformes, tu te demandes presque comment ces élèves sont arrivés ici, s'ils ne ce sont pas trompés de rêve! Que faites vous toute la journée ici? Avec un grand sourire, « on vit comme toi, tranquille… »

Il faut se foutre un peu de tout dans la vie je dirais, juste un peu…Et Koh Lipe est le parfait endroit pour t'aider à y arriver. Nous, on est curieux de tout et on se fout un peu de tout aussi, on traverse, on survole mais on voit tout.

On est resté une semaine je crois, guère plus. Notre bungalow fait parti des plus grand que nous ayons eu, toujours notre moustiquaire chérie, une salle de bain avec des réserves d'eau tièdes dans des bassins nous attendent dans le fond, ainsi que les toilettes. On est à 2m de la mer, qui nous berce chaque soir. Pas de grosses vagues, pas de nuages, tout paraît osmose et douceur.

Matthieu dans ses videos et ses enregistrements de bruits et chansons locales, moi dans mes photos et mes carnets, nous nous partageons nos livres allongés dans tous les meilleurs recoins de l'île, nous contemplons cette merveille ronde des heures durant. Il n'y a pas de bruits dérangeant ici, tu es coupé d'un autre monde pour ne t'adapter qu'à celui là.

Nous rencontrerons de jeunes garçons habillés en fille, exagérément travestis, complètement acceptés par leur communauté, même si leurs moqueries paraissent constantes, elles ont toujours une pointe de tendresse et en rien ne blesse notre « folle » concernée.

Nous passerons de longues heures « snorkelant [19] », je ne m'en lasse pas. La mer est bouillante. Les fonds sont mignons mais dépourvu de coraux, donc pas très riche en couleur. Nous traverserons maintes fois cette île, pour retraverser ce minuscule village, voir de l'autre côté les plages interminables et blanches. Traverser l'île veut aussi dire à un moment donné marcher dans 60cm d'eau sur 50m ne sachant pas ce qu'il y a dans ce petit marécage tropical! Des Iguanes nous donneront des peurs bleus trottinant bruyamment à nos côtés. « Oui oui, on sait, ils ont surement plus peur que nous, mais en attendant les lascars ne sont pas petits et ressemblent plutôt à de mini crocodiles »!!! Je revois encore, sourire aux lèvres mon Matt courir avec sa caméra super 8 les bras en l'air « putain ce qu'il ne faut pas faire, vas y court Letice »!!!

---

[19] en apnée avec masque et tuba

On avait convaincu un petit mec de nous emmener juste devant la plage, vraiment à 10m du bord, avec son bateau pour pêcher. On a réussi à attraper tous les poissons dont on avait besoin avec juste une ligne de pêche, sans la canne, avec un hameçon et de la mie de pain!! On regardait du haut de notre barque les poissons attirés et lorsqu'ils mordaient, hopela on tirait d'un coup fort. On pêchait à l'oeil!! Je peux vous assurer que cela a été la première et dernière fois de ma vie que j'ai attrapé des poissons de cette manière. Et comble du bonheur, les trois Australiens avec qui nous avons partagés ces poissons nous ont montrés comment transformer une plage de rêve en four traditionnel!!!! Un peu de papier d'alu, un trou dans le sable, quelques braises, tu enterres tes papillotes de poissons frais, tu attends et le tour est joué. Tu dégustes sur une plage déserte, autour d'un petit feu improvisé le poisson que tu as pêché quelques heures avant, avec des mecs sympas de l'autre bout du monde, des discussions interminables sur nos différences et différentes expériences, de la Bintang beer, tu manges avec tes doigts parce que c'est meilleur évidemment! Inoubliable!!
On s'endormira sur la plage tous ensemble, réveillés au petit matin en même temps que les crabes!!! Ahahah Même si le charme d'un Australien énamouré m'aura fait craqué quelques nuits, je repartirai seule, bien certaine de vouloir découvrir la prochaine aventure avec mon pote Matthieu et non pas encombrée d'un lover!!!

Koh Lipe restera le choc de ma vie! je sais par Olivier, mon premier amour (vous vous rappelez?), que cela a bien changé. Il y est allé à maintes reprises pendant de nombreuses années et m'a confirmé que l'île était inoubliable de beauté mais que les hôtels 5 étoiles avaient envahis l'île ainsi que les distributeurs de billets et le goudron. Fini les iguanes sauvages, les barbecues improvisés et surtout le sentiment de jouer l'homme sauvage de Rousseau sur Koh Lipe.
On m'a souvent dit ou reprocher de trop « rêver ma vie ». Peut être est-ce vrai, mais tous ces moments là, j'en ai rêvé un jour et j'ai réussi à les vivre. Je suis une éponge à passions, chaque aventures vécues, chaque personne rencontrée et bien encrée dans une vie particulière ou avec un don particulier va m'attirer passionnément pendant un moment. Je vais avoir envie de vivre comme elle pendant un instant donné, une semaine peut être suffirait. Je suis désespérément attirée par l'idée de vivre 1000 vies en une. Et je ne compte pas changer cela parce que c'est ce qui me fait vibrer dans la vie. Tout n'est que moyen pour réussir à réaliser mes rêves un par un.

Cet épisode sur Koh Lipe reste LE plus beau moment de lâcher prise jamais vécu. D'une simplicité… Un moment aussi subtilement beau qu'un corps chaud… joliment bruni par le soleil et quelques grains de sable qui s'en détachent.

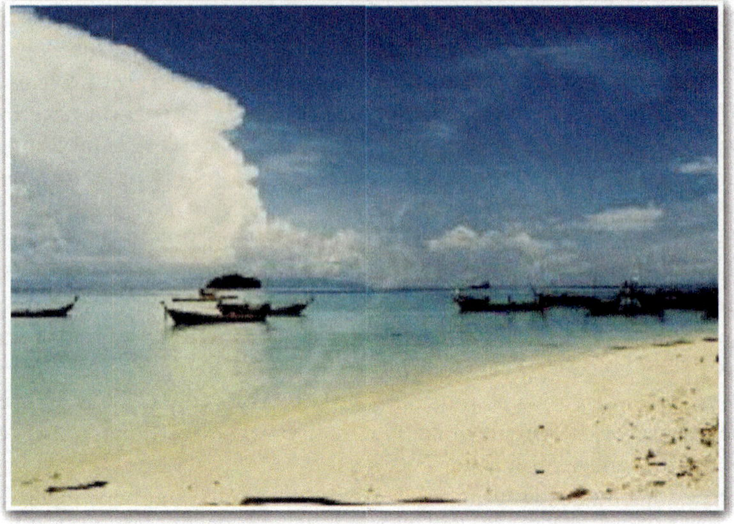

Langkawi
La grande arnaque

L'idée est maintenant de quitter la Thaïlande pour l'Indonésie. Nous savons pertinemment qu'en pénétrant dans cet archipel qui est l'Indonésie, composé de milliers d'îles, nous n'aurons que deux petits mois pour en visiter quelques unes. Sumatra, le Nord de l'archipel, avant de le traverser sur toute sa longueur pour prendre notre élan et jouer à saute mouton sur Jakarta avant d'atterrir (après salto arrière) à Bali ! On aimerait aussi aller se balader en Sulawesi (les Célèbes) mais on ignore encore que nous n'en aurons pas le temps !

C'est en tout cas l'idée du moment car le parcours a déjà connu plusieurs modifications et nous savons au fond de nous qu'il le sera encore…

Notre « target » est Medan puis le lac Toba sur Sumatra. Mais pour y arriver, il faut déjà sortir de Thaïlande via la Malaisie par l'île de Langkawi, pour un transit d'une seule journée.

On va redécouvrir pendant quelques heures le ferry boat, monstre de modernité en comparaison des autres embarcations empruntées dernièrement et nous allons surtout croiser une foule en plein *speed*.

Au final, ce sont les transports qui amputent le plus notre budget. Les nuits passées dans les *guesthouses* nous reviennent entre 15 et 25 francs par nuit que nous partageons avec Matt, (soit entre 2 et 4 €). Nous faisons de même pour les repas et les moyens de transports qui nous reviennent entre 20 et 40 € à deux.

Nous bourlinguons depuis bientôt deux mois et il me semble que nous avons pas mal changés Matt et moi : nous sommes plus lents et ré-écrivons 100 fois notre route au fur et à mesure que nous avançons dessus.

Nous comprenons que tout arrive à point… Nos cheveux sont, disons… très « naturrrre » et nous sommes dans un « organised petit fouillis ambulant ».

Notre vie tient dans un sac-à-dos et notre expérience de la "bourlingue" ne nous fait rien perdre. Nous évitons les maladies à part quelques turistas de temps à autre. C'est d'ailleurs pour cette raison que nous avons toujours avec nous un rouleau de PQ et que nous piquons des serviettes en papier dès que nous en trouvons.

Nous sommes économes et nous disposons d'un radar interne nous permettant de détecter les beaux endroits et les personnes qui nous veulent du bien ! Excepté lorsque nous nous retrouvons sur l'île de Langkawi…

En quittant la Thaïlande et Koh Lipe, il faut que tu aiguises ta fibre commerciale et que tu évites de te planter dans le taux de change du nouveau pays (la Malaisie) que nous quitterons demain pour l'Indonésie.

La traversée se déroule normalement avec un nouveau tampon sur le passeport à la clef. On transite dans une zone *tax free*. Les appareils photos et les mini-caméras nous *teasent* de l'œil et il est dur de résister. Là ! Le mini-camescope Handycam Sony de l'époque! Avec ses mini-cassettes VHS, c'est le top pour des *travellers* comme nous, surtout que tu peux prendre des *snapshots* avec, une révolution de miniature à l'époque. Derrière sa vitrine éclairée, il nous appelle… il nous hurle de l'acheter !

Ne me demandez pas comment on a fait pour se planter autant dans le taux de change (alors que nous avions demandé à 2 agences de changes différentes de bien nous expliquer). Entre nos travellers chèques en dollars, les baths Thaïlandais, les ringgits de Malaisie et la Roupie Indonésienne de demain!!!

La seule explication que nous avons encore aujourd'hui est que les agents de change sont de mèche avec les vendeurs. Nous ne nous sommes pas trompés car nous avions calculé pendant 1/4 d'heure dans nos têtes le coût de l'appareil en francs avant de dégainer notre argent. On finira par en acheter un chacun !

DEUX, on en a acheté DEUX ! La moitié de notre budget est passé chez Sony d'un seul coup. On s'en rendra compte le lendemain sur l'île, lors de nos menues dépenses afin de régler l'hôtel et nos repas. Deux jours de désolation, à se foutre des baignes, à se lamenter et à maudire Langkawi. Nous essayons de nous remonter le moral en prévoyant déjà leur revente dès notre retour. Ce que j'ai fait.

Matthieu se déculpabilisera en se convainquant qu'il va énormément s'en servir vu qu'il va travailler dans la video et la musique à notre retour…

Avec un budget réduit de moitié, il va falloir jouer serré. On va s'abreuver et se gaver de films afin d'arrêter de nous flageller mutuellement. Demain on part pour Medan, toujours en Ferry.

Lake Toba

Une fois traversée le détroit de Malacca, on aura pas profité de Langkawi et disons que l'on va tout faire pour fuir Medan le plus vite possible!! Oui l'agression!! Déjà un centre ville dans une ville du tiers monde c'est hard, mais quand celle-ci est la troisième ville d'Indonésie la plus peuplée dans un méli mélo de communautés, chinois, Javanais, indigènes Batak, montés sur autant de scooters familiaux qu'il y a d'espace pour des voitures du siècle dernier!! Que tout ce petit monde s'entremêlent dans une ville, (tu ne sais pas bien si elle est terminée ou en rénovation) sur ce qu'on appellent des routes ou trottoirs, (on ne sait plus très bien non plus) et qu'en plus pour éviter de se « charcler » là au milieu de tous, toute cette population a la bonne idée de conduire « au klaxon », ça vous donne une petite idée de l'immonde bordel ambiant de Medan! D'où tu n'as qu'une envie c'est t'échapper et très vite. Où que tu ailles le mélange de bruit t'assourdis. Bien heureux d'enfouir ton visage dans un sac ou une écharpe, un semblant de protection contre l'odeur des pots d'échappement et poubelles environnantes!! je te dis un cauchemar.
Guesthouse sans intérêt, juste pour se couper de ce brouhaha détestable. et direction Lake Toba. On nous en a parlé justement pendant notre voyage jusqu'ici. Comme le but est quand même de rejoindre Bali, que l'on a tout Sumatra et tout Java à traverser on se l'organise en plusieurs étapes.
Petite communauté, endroit légendaire, une communauté Batak, ses maisons traditionnelles bien particulières. Sumatra est une des plus grosses îles de l'Indonésie et à cette époque la plus sauvage encore, la moins développée industriellement.
Avant d' arriver au lac, une longue traversée de quelques heures en bus (une de la très longue liste de traversées en bus que l'on va faire en Indonésie), nous faire découvrir la quantité astronomique d'enfants en bas âges de cet archipel.
Des uniformes de toutes les couleurs, de toutes les tailles, se faufilent sur les bords de routes, en fil indienne ou deux par deux, les élèves rejoignent leur écoles!!! Moins habitués aux touristes qu'ailleurs, tous ces enfants te crient « hello, hello » et lorsque tu les croises en petit comité ils veulent absolument te toucher et te renifler!! Non, nous ne sommes pas sales ni puant, mais notre peau plus claire, sent-elle la même chose? On nous fera le coup à maintes reprise.
Tout est beaucoup moins cher en Indonésie!!!
C'était déjà peu de chose en Thaïlande mais là c'est incroyable.
Nos maison/bungalow Batak vont nous coûter 8000 roupies/nuit soit 8frcs (1,5€ à peine) et la nourriture locale, moins variée qu'en Thaïlande certes mais très bonne est encore plus cheap aussi. « Fried rice » à tout ce que tu veux sera notre plat de prédilection pendant un moment. On va découvrir les magic Mushroom aussi sur cette île! Notre voyage va prendre une autre tournure aussi au Lake Toba.

En changeant de guest house, lors d'un repas, nous allons rencontré Ellie. Ellie un petit bout de femme de 28 ans, française, qu'on avait déjà croisé à notre arrivé sans que cela n'aille plus loin. Je dis ça, parce qu'en la rencontrant, un pré-sentiment, une intuition, je sentais qu'on se reverrait et qu'il y aurait plus qu'une simple rencontre.

On va en effet se revoir le soir même, mais Ellie va aussi continuer le voyage avec nous quelques mois, devenir la petite amie de Matthieu et nous apprendre des milliers de choses sur le voyage. Elle vivait en banlieue, et tiens toi bien, partie en voyage un jour sans un sous, ça faisait 8 ans qu'elle voyageait, 8 ans!

Elle avait travaillé sur un des bateaux de Greenpeace, différentes associations humanitaires, sauver les baleines et les dauphins aussi. Elle passait des examens pour devenir instructeur de plongée et se sortir définitivement de son passé difficile parisien.

Un petit bout de 1,60m hors norme, une gentille lascarde comme on les aime. Si le voyage t'apprend à vite analyser les gens qui t'entoure, il t'apprend aussi à ne pas perdre de temps pour découvrir les gens ou bien au contraire, passer ton chemin de ceux qui ne t'apporteront rien. Ellie va enrichir le notre. Pour te dire que nous ne nous sommes pas trompés, je l'ai retrouvé il n'y a pas longtemps, quinze ans après, lorsque j'ai entendu sa voix au téléphone, c'est comme si on s'était respiré la veille…

Bref, elle nous fait déménager de Zamosir pour arriver chez Nikki et Kikki, dans leur gesthouse légèrement plus avancée dans l'ile autour du lac Toba. Notre maison face au lac nous cocoonnera une bonne semaine, il est vrai que tu as l'impression de monter dans un nid lorsque tu empruntes l'échelle qui te monte à la petite porte de ta maison.

Ces deux soeurs Indonésiennes, nous feront vivre une vraie vie de Bataks quelques jours. Nous sommes allés à un mariage de la plus grande tradition Indonésienne en étant les seuls blancs et étrangers of course!! Communauté chrétienne, nos Bataks ne se marient pourtant pas de la même manière que nous. Pas de blanc pour la mariée, hommes et femmes séparés au départ, des danses traditionnelles…. On se fait tout petits, sourires discrets aux coins des lèvres, on savoure ces moments uniques, tellement fiers d'être là.

Moi perso j'ai du mal à sortir de mon fried rice, leur « Saksang » ne me réjouit pas plus que ça.

Un de leur plat typique, une viande de porc ou de chien (va savoir selon ce qu'ils trouvent et je ne déconne pas du tout) servi comme un ragout au jus de sang de porc aux épices typique de là bas. Pas fan! Et puis alors, l'idée du chien par dessus, « fais moi un banana pancake Nikki please »!!

On parle petit nègre anglais toujours avec nos deux belles sisters, ça ne nous empêchera pas de vivre une belle aventure avec l'une d'elle!!

Pendant que l'autre nous en prépare de bonnes avec sa « magic mushroom omelett » leur tour de l'île que nous ferons avec Matt en « motorbike »se prépare!

Le lac Toba est aussi l'histoire de comment Mon Matt va découcher pour quelques mois afin d'investir le bungalow de Ellie qui voyagera désormais avec nous.

Lake Toba

(La suite)

Il est rigolo de relire ses propres textes presque vingt ans après et remarquer que le fondement de tes pensées est le même, formulé différemment. Je remarque à l'époque les même choses qu'aujourd'hui, m'énerve ou m'attendris sur les même sujets (petite parenthèse)

Les femmes sont dans les champs, dans les boutiques, tout repose sur elles. Les hommes sont par contre plutôt présent avec leur petits enfants, déjà à cette époque. Le patriarche se la roule souvent assis quelque part! Toutes générations confondues vivent ensemble. On n'abandonne pas ces anciens en Asie, ils partagent le brouhaha de la vie quotidienne et ça les enchantent. On devrait en prendre exemple d'ailleurs. Dans nos rythmes occidentaux, on se débarrasse de ce qui nous gène, on trouve des excuses pour enfermer nos vieux. Les mariages bien que très traditionnels, colorés et nouveaux pour nous, restent ennuyeux même pour les mariés, engoncés dans leurs protocoles à suivre et ne profitant pas du tout de leur journée sacrée, ou alors je me trompe, leur joie est intérieur et ne se perçoit pas du tout!!

Ce que je veux dire par tout cela c'est qu'on arrondit les angles peut être avec les années, on précise sa pensée et ses goûts mais l'ado demeure en nous adulte. Notre costume se modifie, comme dirait Foresti. Il faudrait juste s'en rappeler plus souvent!

Bref, on est donc sur le point de faire le tour de l'île avec Matthieu en mobylette, tous les deux sur la même of course et je suis encore dans mes pensées. J'ai eu Michael au téléphone il y a peu, appelé d'une cabine improbable quelques minutes, première fois depuis le départ il y a plus de trois mois.

L'homme que j'ai quitté, qui sera le père de mes enfants (mais je ne le sais pas encore!) ne quitte pas ma tête, même au bout du monde. « Quand est ce que tu rentres, je ne peux plus vivre sans toi! » voilà sa phrase qui résonne dans ma tête. On oublie les mauvais moments avec le temps, on fantasme une personne avec la distance. Matthieu me fait écouter Steel Pulse très souvent, ce qui me replonge dans les bras de Michael, trop bercée par cette music. (Aujourd'hui je ne peux même plus l'écouter). Mes rêves de Michael partageant mes voyages comme le fait Matthieu j'en rêve mais les yeux bien trop ouverts!! « Je rentre dans trois mois Mika ». Je ne sais pas après quoi je cours mais j'y vais, rien ne peut m'arrêter.

A l'époque déjà sur mon carnet de voyage j'écris « je finirais mon voyage, je reviendrai, on fera encore un bout de chemin ensemble, mais il faudra que tu m'attaches » C'est exactement ce qu'il s'est passé! Mais je me suis détachée toute seule après quelques années!

La moto, démarre et c'est parti…. Pas de plan, pas de guide, un plein d'essence, trois sous en poche. Le garagiste nous avait dit de ne pas essayer de faire le tour par la route de Tomok, elle est en trop mauvaise condition!!! Mais Ellie l'avait fait avec d'autres français pourquoi pas nous, « on est pas des fillettes!!! »

Ce fut « The Expédition », après une baladounette tranquille avec de belles rizières, de beaux paysages, quelques enfants, on se retrouve dans un champs de mine pendant 3heures, à rouler à 30km/h, des trous énormes, et ça monte , ça descends dramatiquement et puis il y a les ponds!! Surtout ne pas oublier les ponds fait de lattes légèrement espacées avec un tronc au milieu où tu dois passer avec ta moto!! Tu veux creuser ta tombe, demande à Matt et Letice de vrais professionnels!!! Et on pensait qu'on avait fait le pire!! Trois ponds à passer plus tard et là on passe la montagne, après s'être arrêter pour manger car Matthieu est encore affamé!! On croise les pauvres paysans jusqu'au genou dans leur rizière, de jeunes vieux sans dents nous aident pour le chemin, ils sont parfois saouls déjà à 14h….

Bref le pire arriva, la pluie diluvienne! Si, Si! Et attends se suivent: les trous agrandis par la pluie, la descente, et évidemment une petite panne d'essence!!! Abrutis que l'on est!!!

On est mort de rire, trempés jusqu'au os, pas une âme qui vivent de ce côté là de la montagne…

Au moment où l'on commence à sentir la panique nous envahir on tombe sur une maison en piteuse état avec deux êtres vivant à l'intérieur: « pétrole, you pétrole, Tomok Far? » Vive le langage des mimes parce que sinon on y serait encore!! On se débrouille pour que ce cher Monsieur nous vide un peu son réservoir pour nous remplir celui de notre mobylette, on le paye 3 frcs et nous voilà repartis dans la nuit tombante. La pluie diluvienne nous freine, on doit parfois s'arrêter. On commence à avoir froid. Nos rires, parfois nos cris pour ne pas se vautrer, animent ce calvaire; Mais qu'est ce que c'était fort, beau, majestueux ce qu'on a vu!!! Et on ne risque pas d'oublier l'aventure. On est arrivé vers 18h éreintés, crades, affamés, mais fiers, peu l'ont fait et on en fait parti!!

Comparé à la mushroom party du lendemain, elle est douce! En bonne compagnie on ne va faire que rigoler. Les hallus sont douces, des ombres qui ondulent, coup de speed et de descentes tout à fait gérables!! On a bien marché, fait des bornes autour du village, morts de rire de rien, de sons entendus, de trucs vus invisibles, insouciant on s'endormira à plusieurs dans nos maisons bataks sur Herbie Hancock.

Les yeux rivés sur l'auréole laissée par la bougie, tous au chaud derrière nos moustiquaires en coton.

Je suis dans ma période livres de Bernard Werber, et dans cet état certaines phrases lues dans « les fourmis » « l'encyclopédie des fourmis » où les « Thanatonautes, » me résonnent dans la tête avant de m'endormir. « C'est par son chaos que se caractérise une cervelle de qualité »… Tu ne crois pas si bien dire Werber, nous à l'heure qu'il est on a passé le stade du génie… !

Une belle action

Nous sommes toujours au village des Schtroumpfs, comme nous aimons les appeler. Les habitants sont tellement petits que je ressemble à Gulliver à côté d'eux! Installés depuis une petite dizaine de jours dans le village de Tomok, nous avons l'impression de faire partie de la famille de Nikki, Kikki et de leurs frères. La famille de Goundour qui gère le petit resto d'à côté, partage avec nous le jardin et le potager de la maison Batak que nous louons. On voulait de l'authentique, du vrai et nous l'avons eu.
Nikki, la sœur ainée, m'emmènera plusieurs fois avec elle ramasser des oignons pour les repas de la *guesthouse*. Elle a dû sentir que j'adorais me retrouver en compagnie de vieilles dames de 110 ans, qui passent leur journée dans les champs, le dos courbé sous une chaleur ardente. La bouche édentée, assises sur des semblants de tabourets, elles te fixent de leurs petits yeux curieux au travers des hautes herbes qui les dépassent. Elles discutent entre elles dans un probable dialecte indonésien « *Tomokois* » auquel je ne comprends rien mais je devine qu'elles posent un tas de questions à Nikki. Ce petit monde me sourit gentiment en attendant que leur petit fils leur amène comme chaque après-midi, un gâteau traditionnel *batak* dans un sachet en plastique. Gourmandes, heureuses, elles le grignoteront à l'ombre pendant la courte pause qu'elles s'autoriseront. Lorsque l'on quitte notre champs, une fois notre panier rempli d'oignons, mes "collègues" me gratifient d'un petit geste de la main et me sourient avec les yeux.
A la lecture de mon carnet de voyage, ce souvenir champêtre revient de manière limpide à ma mémoire alors que j'en ai totalement effacé d'autres tout aussi émouvants. Impossible de me souvenir, par exemple, de cette chorale de plus de cent enfants que nous étions allés écouter dans une église pour les fêtes de Noël.
Je lis dans mon carnet que nous étions les seuls blancs à nous presser sur les bancs de la paroisse et je ne m'en souviens pas du tout ! Mémoire sélective qui me fait penser que je préfère les champs aux chants…
Sur le chemin du retour, j'annonce à Nikki une grande nouvelle qui va enchanter sa sœur Kikki. « *Nikki, tu connais bien Bali. Grâce à ton amoureux, tu as beaucoup voyagé mais je crois que ta sœur est très impatiente et curieuse de sortir de Tomok à son tour. Nous allons bientôt repartir sur Bali avec Matthieu et si tu veux bien que Kikki…* » Je n'ai pas le temps de finir ma phrase que Nikki me coupe la parole : « *Kikki t'a parlé ? Rentrons à la maison et parlons-en tous ensemble mais je pense que Kikki est trop jeune et que cela fera beaucoup de responsabilités pour vous, sans compter le travail qu'elle laisse à la guesthouse!* ».

Il y a quelques jours, on s'était baladé de l'autre côté du lac en compagnie de Kikki, Matthieu et Elie. On recherchait des tissus Batak tissés à la main avant de lever le camps (des splendeurs de couleurs que j'ai toujours eu du mal à choisir à cause des hordes de vendeurs qui me sautaient dessus pour vendre leur came). Il nous avait fallu une heure de marche aller et un peu moins au retour car le mini bus avait daigné nous appliquer le tarif local (et pas 6 fois plus cher comme d'habitude).

Je m'égare... revenons à cette balade pendant laquelle Kikki nous avait confié son rêve de nous accompagner à Bali, son eldorado, son éden à elle! Coupés du monde, du temps, loin du chaos du monde et sans connexion internet, nous ne pouvions vérifier si nous avions les moyens de l'emmener avec nous trois. Impossible de se renseigner sur le prix des billets d'avion, de bus, de logement... Profitant de notre escapade, nous avisons une sorte d'agence de tourisme dans lequel nous accourons. Matt et moi avons déjà nos billets d'avion mais Ellie descend en bus et elle pourrait donc facilement emmener avec elle notre protégée !

On s'en doutait : le prix est ridiculement bas pour transformer ce rêve en réalité (200 francs chacun soit 30€). A nous maintenant d'analyser la dimension humaine de l'entreprise : Kikki n'a jamais bougé de son village et elle est très loin d'être une *travelleuse*, mais à notre grande surprise elle est très téméraire. Elle nous annonce qu'elle connait des personnes à Bali qui travaillent ou qui possèdent des magasins et que son seul soucis est de faire le premier pas, de payer son voyage et de convaincre sa sœur de la laisser partir. Car, mine de rien, la sœurette abat pas mal de besognes dans la *guesthouse* et ses bras vigoureux manqueraient certainement à la famille.

Inutile d'insister sur le fait que notre souhait de l'aider à prendre son envol nous enchante tous les trois...

Après une bonne discussion familiale, d'un peu de tendresse, de force de persuasion et pas mal de confiance, Matthieu attendrit et convainc la maman de Kikki de la laisser déployer ses ailes. Ellie et moi arrivons à détendre sa grande sœur Nikki et nous réalisons que nous allons aider, « pour de vrai », une personne à prendre son destin en main : ENORME !

Trois jours de bus pour Ellie et Nikki jusqu'à Bali. Trois jours pour traverser Sumatra et Java, en roulant nuit et jour. Nous nous retrouverons tous à Bali à Ubud, dans le centre de l'île. « Même pas mal », les autocaristes semblent en pleine forme !

Quelques jours plus tard, nous plions bagages avec deux nouveaux co-équipiers : Ellie, l'amoureuse de Matt et la petite Kikki. Cette fois-ci, je n'exagère rien si je vous dis qu'une nouvelle aventure commence...

Matt et moi remontons sur Medan pour prendre notre avion. Retour à la case *guesthouse* pourrie dans laquelle nous avions été hébergés à l'aller « le Zacharia ». Pas de mauvaise surprise dans cette horrible jungle citadine...

Pour la première fois depuis la veille de notre départ, je tombe malade. Bien malade. Je n'ai pas prévu de médicaments pour les infections urinaires, n'étant pas coutumière de ce type de troubles. A Tomok, je suis obligée d'appeler un médecin qui va me faire plusieurs injections afin de calmer mes crampes. J'ai l'impression qu'il découvre une maladie rare du XVe siècle : la cystite. Il me faut un antibiotique bordel ! Rien à faire, il faudra que j'attende encore et je finirai par me soigner toute seule à coup de 4 litres d'eau par jour accompagnés de quelques pétards pour apaiser mes crampes et pouvoir dormir. A l'aéroport de Jakarta où nous faisons escale, je vais harceler le pharmacien de l'aéroport afin de calmer la douleur qui me brûle le bas ventre depuis bientôt trois jours !

C'est également au cours de cette escale que nous découvrirons que la nouvelle guerre entre l'Irak et les Etats Unis a éclaté. Ignorants, nous allons même nous moquer d'un touriste allemand pensant qu'il se repassait des videos de la première guerre du Golfe. Non, non, c'en est une autre, nous explique-t-il ! Dur dur l'atterrissage dans le monde moderne…Nous sommes sur le point de décoller pour Bali et nous sommes millionnaires avec Matthieu. Millionnaires… en roupies ! 1000 francs (150€) nous donne un million de roupies !!!Un peu esquintée par mes quelques jours de douleurs intenses, harassée par le manque de sommeil, j'écris quelques mots dans mon carnet de voyage sur notre aventure qui se poursuit de belle manière : *« après ma dernière année de fac, je repartirai un an cette fois-ci »*.Salut Sumatra, la sauvage, Bali, la belle nouvelle… On arrive.

Bali

Pendant que nos deux nanas voyagent en bus de Sumatra à Bali, nous disposons de trois jours avec Matthieu pour arriver, repérer, nous rendre à Lovina (où nous ne nous rendrons finalement jamais) pour enfin les retrouver à Ubud où nous passerons Noël tous ensemble.

Juste une petite digression sur l'aéroport de Jakarta. Je n'ai jamais vu un aéroport aussi joli (encore aujourd'hui). Il est bâti de telle manière qu'il ressemble à une fleur avec ses décorations en bois batik sur tous les murs, ses longues baies vitrées et ses numéros de portes d'embarquement inscrits au beau milieu d'ornements floraux. Un aéroport d'une poésie dingue !

Je suis arrivée à me procurer des médicaments, de véritables antibiotiques pour mes rageuses crampes et mon infection urinaire et cela semble faire son effet. Bizarrement un mal de reins et de dos me prend et va commencer à m'handicaper sérieusement. Super ! Rajoute à ça, mon sac à dos et tu devineras assez facilement que je suis au top de ma forme !

Il me faut t'avouer qu'au départ, la première impression que nous a laissé Bali a été mauvaise. Aussi étrange que cela puisse paraître rien ne nous enchante et la météo qui nous accueille n'arrange pas les choses. On savait Kuta (petite ville située juste à côté de l'aéroport de Denpasar) développée, mais la différence avec Sumatra est colossale ! Ici ce n'est que touristes, minettes, surfers, plages et bringues. Kuta est également et malheureusement, un temple de la consommation et nous le vivons comme une agression quotidienne.

On est trop nazes pour combattre tout ce mercantilisme et chercher un endroit plus authentique et paisible. Oui je sais, on est "casse-bonbons" avec nos envies de gosses de riches, mais on n'est pas venu ici en congés payés avec Carrefour Voyages, on est venu se décapsuler la tête avec de nouvelles et excitantes aventures !

On ressort pour la première fois notre guide touristique afin de débusquer une guesthouse pas trop chère. « Poppies Gang I » est le nom du quartier dans lequel nous cherchons notre nid. Première visitée, première choisie et la moins chère de surcroit ! 35 000 roupies (soit 35 francs ou encore 6 €) mais cela ne nous empêche pas de râler ! On trouve les prix excessifs. Il faut dire que nos maisons bataks à Sumatra nous revenaient à 8 francs la nuit alors on fait la moue…

Les rues alentours sont inondées de boutiques qui nous excitent l'œil. Il pleut des cordes mais nous marchons au sec, abrités par les porches des commerces mais le nez collé aux vitrines emplies de séduisantes marchandises. Dur de résister…

Les chambres de la guesthouse sont (pour nous) proches du 5 étoiles : carrelage au sol, fenêtres, murs en bambou, nous avons même droit à de vraies toilettes (pas à la turque) avec une chasse d'eau qui fonctionne. Il y a des sommiers sous nos matelas et un miroir dans la salle de bain qui propose de l'eau chaude : un palace ! Et bien tu sais quoi ? On va quand même prendre la tangente. Si, tu as bien lu ami lecteur. Ce n'est pas ce qu'on recherche. On veut être bousculé par la différence, vivre autrement et nous ne le trouvons pas au milieu de tout cet inhabituel confort.

Nous continuons donc, de scruter les jolies boutiques qui vendent de ravissants petits bijoux fantaisies, de petits ensembles trop mignons pour femelles, des souvenirs à ramener, des petites boîtes fait main, des cadres en bois exotique…

Il y a même des marques que l'on connaît par cœur (mondialisation oblige…). Mon unique achat « craquage » : un pull orange, rose et rouge, long et doux, style "babasurfer" que je possède toujours. Nous nous retiendrons de ne pas dépenser en 1 heure notre budget trimestriel. Vous connaissez le proverbe ? "Chassez le naturel, il revient au galop" alors nous nous barrons vite d'ici !

Nous demandons à un mec du coin où on pourrait trouver un tatoueur abordable tout en étant doué.

Je suis bien décidée à m'en faire un 3e pour "marquer" ce voyage alors que ce sera le premier pour Matthieu.

Malgré l'injection du médecin, les antibiotiques, l'aspirine du Rhône, la codéine d'Ellie qui atténue un peu la douleur, je suis prise de violentes contractions en fin d'après midi. La souffrance me bloque les reins et j'en crève de mal. Je mets ça sur le coup de la fatigue en me disant que cela ira mieux demain.

On trouve le tatoueur indiqué et devinez sur qui nous tombons ? Sandrine et Mathieu, qu'on avait rencontrés à Chang Mai une semaine après notre arrivée ! C'est dingue et tellement improbable de les retrouver à Bali, au même moment, dans cette petite rue perdue, chez l'exact même tatoueur ! Evidemment pas de tattoo aujourd'hui. On préfère s'asseoir, discuter de nos aventures, les écouter et parler pendant des heures et des heures.

On est rassuré de voir que certains travellers dépensent bien plus que nous :) Sandrine va jusqu'à me dire qu'ils ont acheté tellement de choses qu'ils les font envoyer au fur et à mesure par la Poste et qu'ils devront raccourcir leur voyage à cause de cela. Cela me dépasse complètement mais chacun ses envies…

Le courant passe si bien entre nous qu'elle m'annonce que la saison prochaine, elle me rejoindra pour faire une saison à vendre des maillots de bain sur la Côte (chose qu'elle fera vraiment, ce qui explique que nous sommes en contact aujourd'hui encore).

Après une soirée mémorable, nous nous quittons en étant persuadés que nos routes se recroiseront encore lors de notre voyage.

Le lendemain, compressés dans un mini bus où six personnes s'entassent, nous sommes soulagés lorsque nous faisons une escale imprévue à Ubud.

Nous devons attendre un autre bus pour Lovina, en espérant qu'il ne soit pas surchargé de passagers. Je m'aperçois que plus le temps passe, plus notre patience s'amenuise. On voulait monter sur Lovina pour louer une voiture pas trop cher mais on se dit qu'on pourrait aussi en trouver à un prix abordable à Ubud.

J'ai le dos en compote mais j'arrive quand même à trouver du charme à cette petite ville d'Ubud. A mon époque, le village ne compte que deux rues dont une seule comprend des commerces. Les ateliers d'artisanat sont tenus par des balinais mais les touristes sont rares. Ubud est un peu le centre "culturel" de l'île avec ses écoles de danse et de musique que l'on peut trouver un peu partout. On tombe amoureux et on reste.

La « Suharta Pension » devient notre maison. Au milieu d'un jardin en fleurs sont disséminés plusieurs petits bungalows de pierre qui possèdent chacun leur petite terrasse. Tout est calme, luxe et volupté. Des offrandes aux dieux reposent à même le sol ou sont disposés dans les coins des maisons. Changées chaque jour, elles sont de véritables petites œuvres d'art.

Une chambre, une salle de bain, Matt et sa guitare, moi, mes livres et mes carnets… on a repris nos petites habitudes dans notre nouvelle maison.

Demain, je pars trouver un chiropracteur que l'on m'a vivement recommandé. Faiseur de miracles, j'espère qu'il atténuera mes douleurs qui me tenaillent le corps car même l'alcool d'Arak (attaque !) n'arrive plus à me faire oublier mes douleurs.

Krak à Ubud

Aujourd'hui, mes petits pas de vieille dame me mènent jusqu'à mon guérisseur. C'est comme ça que l'on surnomme le mini gabarit qui bientôt me remettra le dos, et par la même occasion, la vie, en place.
Dans la ville d'Ubud, après maints aller et retours dans les trois rues qui se chevauchent, je dégotte le fameux « *body work center* ».
J'explique aux assistantes du « gourou » mon insupportable mal de dos, mon incapacité à me déplier entièrement, que chacun de mes pas résonnent jusque dans ma nuque ; je lui parle du feu qui brûle mes yeux, de ma bouche de travers, de ma respiration haletante, de mes maux d'estomac, de mon envie de tuer n'importe qui me frôlerait du regard à 3 mètres de distance… AU SECOURS ! Faites cesser ces douleurs immédiatement !
Il faut patienter un peu car le grand manitou n'est point là… Je ne bouge plus d'un millimètre, je somnole dans cette petite salle d'attente, suspendue à toute la patience que je n'ai pas.
Deux heures, j'ai attendu deux heures, au bord de l'abrutissement total avant qu'IL n'arrive enfin.
Mini gabarit est un juste nom de baptême : 1,60 mètre sur la pointe des pieds max, 45 kg tout mouillé max, dix dents réparties sur deux étages max et 30 ans hors taxe!
Mon sac à dos parait plus costaud que le petit homme qui se tient devant moi. Je lui dresse de manière impassible la longue liste de mes maux et je reçois comme réponse un clignement de cil et un haussement de tête.
- « *You got it? Should I repeat?* [20] ». Il me montre de sa main une direction et affiche un air qui semble signifier « *tu m'as pris pour qui toi ? Ta gueule maintenant et laisse-moi faire !* » C'est en tout cas ce que je crois déceler dans son œil sombre.
L'endroit que j'arpente est magique. On dirait un monastère sans clocher et à ciel ouvert. On entend les fleurs pousser sous nos pieds et le vent nous souffler avec légèreté.
Là où il m'installe, à l'étage de sa maison, au dessus du jardin, des colonnes maintiennent le toit de telle manière qu'aucun murs n'obstruent la vue. Des pétales de roses guident mes pas jusqu'au banc de massage. Ça sent bon et c'est d'un calme exquis.
Pieds nus et en culotte, il commence son « palpage ». Il sait très bien où exercer une pression, où vérifier et mes larmes coulent de douleurs en silence. Il me retourne, me plie, me fait croiser les jambes, me fait craquer le dos et la nuque.

---

[20] vous avez compris? Ou dois-je répéter?

« Ok c'était quoi? » lui demandais-je à la fin de son traitement. *« Une intoxication de flux d'énergie dans l'estomac, mélangée à du stress et à quelque chose de toxique que tu as mangé. Je t'ai placé toutes tes toxines restantes dans l'estomac pour que tu élimines le reste, tu n'auras pas faim mais pendant deux jours, force-toi à ne manger que des fruits »*…
« Ah… une intoxication de mon flux d'énergie, qui m'a bloqué le dos ?? C'est cela, oui… »
Je me relève avec toutes les précautions du monde mais il faut bien admettre que mon mal aigu a disparu et que je peux marcher droite tout en respirant normalement. Un miracle. Seule persiste une gène dans l'estomac. Pas mal pour une première cure en flux d'énergie !
J'ai dû insister pour le payer sur le champs car il voulait attendre quelques jours afin d'être sûr de ma guérison. Cela m'aura couté 15 €.
« Attention : cette nuit tu vas souffrir » furent les derniers mots que mes oreilles moqueuses ont captés.
Je suis rentrée, apaisée.
J'aurais dû le croire. La nuit fut une nuit en enfer, au pays de la contraction ! "L'Exorciste", tu connais ?! Tu te souviens du visage de la possédée quand le prêtre l'exorcise ? Pareil ! J'étais incapable de surmonter la douleur, plier en douze sur la tête… *« Matthieu ! Please ! Attache-moi au lit ou je défonce les murs !! »*
Le lendemain, un ange passe… je n'ai plus rien. J'ai écouté mon maître et n'ai sucé que des fruits durant deux jours.
Après la fausse guérison d'une plaie au Yuca, la manipulation magique énergétique du dos ! Dans notre prochaine épisode je vous expliquerai comment on se sort d'une turista à l'indonésienne (je déconne, mais pas complètement).
Ça aussi, ça fait parti des aventures de voyages. On s'en souvient.
P.S. : je n'ai plus jamais eu mal au dos durant toute mon odyssée.

« You look wonderfull tonight »
Gili air

Il est 5H30 lorsque nous rentrons et que le proprio du Donald Guesthouse vient nous réveiller pour notre départ pour Gili Air!!

Nous nous sommes tous serrés dans les bras, Lou, David, Gusti, Matt et tous ceux dont j'ai oublié le surnom. « Donnage » d'emails, comme on aimait se le dire.

- « On se re-croisera peut être, on s'écrira. Pour moi Bali restera Ubud. On aurait pu rester pour le nouvel an mais l'appel du changement et de la mer est bien trop grand. Gili Air nous titile. Nous serons dans son eau, nus, un verre à la main pour nous souhaiter une bonne année!

Après le shuttle bus pour voyager d'Ubud à Paolang bay, le ferry de 3h pour atteindre Lombok, un second shuttle pour faire le trajet jusqu'à Samgbal, là où un dernier bateau, « catamaran playmobile style » nous déposera sur la plus petite des Gili island, La Gili Air!!

Pas de voiture, rien à moteur, uniquement de minis chevaux qui trainent de minis charrettes. Vivons pied nus! Même nos tongs sont insoutenables tant la chaleur nous recouvre; le bonheur!

30.000 roupies (30frs = 5€) notre bungalow pour 3 avec le petit déj inclus à 2m de la mer! Menu quotidien: poissons frais grillés de la pêche du matin, fruit frais, pancake maison, entre 15.000 et 20.000 roupies.

Nous avons repris nos habitudes de Robinson Crusoe, installé la moustiquaire, prévenu les geckos de notre arrivée pour que la chasse aux moustiques soit bien ouverte, prié notre déesse mer, chaque matin lorsque l'on soulève une paupière!!!

Les toilettes à la turc sont revenus aussi (moins contents tout de suite!!) ET la nouveauté de Gili: la réserve d'eau de la salle de bain (si on peut la nommer ainsi) est une réserve d'eau SALEE!!

Essaye de te rincer, te laver, te rafraichir, avant de te coucher avec de l'eau salée, je te promets que tu ne vas pas le faire souvent!!! Il faut réserver son bidon d'eau douce lorsque l'arrivage s'organise sur l'île de Lombok une fois par semaine!

Nous faisons le tour du propriétaire insulaire, rencontrons Juan, un Chilien à la bouche de femelle, adorable qui nous racontera aussi ses aventures en Terre de feu, en Asie, ses plongées. Nous continuons et accentuons notre « rigolote connerie » quotidienne. C'est à dire qu'à nous trois, Matt, Elie et moi, on se marre d'un rien. C'est à celui qui racontera sa vie, ses anecdotes de la plus débile des manières. Matthieu et sa Guitare nous chantent ces petits airs, mille fois parcourus et aujourd'hui c'est en charrette sur Gili air que nous vient un fou rire démentiel, ou serait-ce l'abus de cette herbe si douce?!

Il est amusant de relire dans mes carnets de voyages des choses que j'avais oublié. Notamment sur des choses que je me promettais de faire un jour. Nous sommes en 1998, j'ai 21 ans et je dis déjà que je veux travailler en permanence sur des projets nouveaux et à l'étranger si possible. J'ai déjà envie de partir en Mongolie à cheval, emprunter le Trans-Sibérien (j'en parle toujours et repousse le départ chaque année). Je parle de ma volonté de parler parfaitement Espagnol parce que cela me servira (en effet, 2 ans après je partirai en Amérique Latine 8 mois et bien plus tard vivrai en Espagne 9 ans!!), je parle aujourd'hui la langue très bien! Et aussi incroyable que cela puisse paraître j'écris noir sur blanc que je devrais partager ma vie avec Michael (mon futur mari) sans vivre avec lui (idée que je maintiens toujours: ne pas vivre avec un homme!!) et que lorsque j'aurai 26-27ans je lui ferai deux enfants!! (Je lui en ai fait 2, un à 25 l'autre à 28 ans). Brûler moi!!!

Notre vie sauvage nous enchante mais cela n'aurait pas été aussi folklo sans une petite crise de « caca water ». Oui tu as bien entendu, « caca water » ne fais pas cette moue dégoutée!
L'erreur à ne pas commettre nous l'avons faite! Endormis par nos charmantes City et Ilda, les deux petites filles de la propriétaire de notre bungalow, nous nous laissons tenter par de véritable ICE-TEA. Objet du crime, comment sont faits les glaçons, quelle eau?? Pfff? Résultat Caca water, fièvre, back to 5 ans d'âge mental parce que dans ces cas là tu veux ta maman!!! Crampes toutes les demi heure, fièvre pendant deux jours. Je vous rappelle que nous avons des toilettes à la turc..
Les eaux de Gili air sont d'un turquoise clair mémorable, on aurait pu faire le tour de l'île en marchant dans l'eau tous les jours mais parfois nous alternons avec les tours en charrette. De minis chevaux les tirent et trottinent juste à côté, à un mètre du sable blanc. Le temps s'est arrêté aussi ici, c'était peu développé encore.
Bref, après ces 3mn de poésie, nous survivons évidemment, le nouvel an aussi nous survit, notre intérêt minimisé pour l'évènement du coup! Entre coupé d'urgentes pressions, dirons-nous! Là, encore une fois, Matthieu nous sauve avec sa guitare et son « You look wonderfull tonight » de Clapton, éclatant de rire de nos airs blafards…

Je ponds le bus

Départ de Gili Air, même chemin inverse: bâteau, ferry, bus. L'idée maintenant c'est d'aller à Pulla Weh dans le nord de Sumatra! Nous rebroussons chemin gentiment vers notre point de départ, Bangkok, d'où nous repartirons.
De Bali, le moyen le moins cher c'est le bus. Seulement il y a 4 jours et 3 nuits de voyages. Oui oui… En bus!! Même pas peur!! Au contraire, l'aventure est là, le voyage est le voyage…
Maintenant, autant les traversées en mer sont toujours un pure moment d'extase (je n'ai pas encore eu de mauvaise expérience en mer) autant le bus, il faut bien le choisir… Au delà du prix très important, car notre budget commence à être serré, serré (cela va faire 5 mois qu'on voyage déjà), il nous faut la clim dans celui-là! Des toilettes (obligé avec nos « caca water » texte qui se terminent à peine!!) et si possible, le nec plus ultra, la video! On pousse le bouchons encore un peu plus loin: nous voulons voyager local, payer comme les Balinais et ne pas utiliser les agences à touristes qui pullulent sur Kuta.

La rentrée sur Bali se digère, bien que nous n'ayons quasi pas dormi durant la traversée. Les yeux encore embués, j'ai encore le souvenir de nos deux petites sauvages, City et Ilda, (les petites filles de 4 et 6 ans des propriétaires de notre bungalow à Gili) tellement câlines! Elles tentaient toujours de me caresser les seins lorsqu'elles étaient sur mes genoux, pensant peut être que moi aussi j'aurai du lait à leur proposer!!!
Je nous revois avec Elie, le jour où nous avons vogué, toute la journée, en mer sur une espèce de catamaran improvisé. Nous « snorkelions » dans cette mer chaude, petits maillots, les yeux pleins de bleus différents, des poissons par centaines, ce faux silence houleux… Nous n'avons pas vu les minutes, peut être même l'heure passée. Seul nos dos roussis par le soleil nous ont rappelé à l'ordre:

- « bande de gamines inconscientes, je vous ai brulées, là, bien comme il faut! ». Ça ne nous a pas empêcher de jouer encore et encore à se faire trainer par le bâteau à cheval sur les flotteurs en bois. La force de l'accélération nous dégageait tout le long des flotteurs jusqu'à ce que l'on se fasse alpaguer par le courant trop puissant.
La mer et le soleil ont ce don fabuleux de te calmer, de t'apaiser lorsque tu as passé une journée auprès d'eux, en plus de te brûler de leur affection!

Bref, la traversée en mer est douce et l'agression bien trop grande lorsque nous débarquons à Kuta!! Trop de bruits, trop de gens, trop de vendeurs, trop de circulation!!!
Par contre, majestueux bonheur que de retrouver dans une guesthouse plus commerciale: des toilettes assis et une douche d'eau douce et tiède! Un luxe subtil, nous nous « crémons » mutuellement et en douceur, nos sacs à dos nous ayant bien lacéré le dos. Après une journée de petit farniente, de shopping, nous nous attaquons à notre histoire de bus. Il faut remonter jusqu'à Surabaya, passer les émeutes de Jakarta et continuer sur Sumatra direction Medan.
D'un simple billet atteignant les 200.000 roupies (125 frc= 18€) pour tout notre périple, dans une agence, à force de barouder dans les gares routières et ferroviaires (sait-on jamais), à force de demander aux gens de l'île et de se comporter comme eux, à force de râler fatigués nous l'avons débusqué à 25.000 roupies!! Oui Monsieur!! 1/5eme. C'est beau! Parce que quelques instant plus tôt, c'est excédée que je m'étais dit:
- « le bus je le ponds ici mais je ne bouge plus! »
En effet nous n'avons plus bougé et ceci pas seulement de la gare mais du bus durant 4 jours et 3 nuits!! Je m'en souviens encore. Cette parenthèse si intime et si impersonnelle. Tout nos arrêts pour nous nourrir, faire un mini brin de toilette, nos rires à tous les trois au milieu de tous ces locaux, qui n'ont toujours pas compris pourquoi on avait préféré le bus avec les films Américains en Indo sous titrés en Anglais! ahahah!
Oui quels rires! Nous arrivions à lire dans le bus, à dormir, et à digérer tous ces différents fried rice!!! La soi-disant guérilla, révolution urbaine de Jakarta qui faisait rage aux infos occidentaux s'avèrent ne pas être si terrible dans la réalité Indonésienne. Nous la traversons sans encombre.
Nous sommes arrivés à Medan, et et nous dirigeons dans ce petit ilot perdu qu'est Pulaw Weh. Nous n'aurons probablement pas le temps d'aller nous occuper des Orang outang, notre visa expire dans quelques jours, deux mois nous sont accordés à l'entrée en Indonésie. Bien pondu le bus…

Apacabar

Alors voilà où nous en étions. Nous nous dirigions, Matthieu, Elie et moi vers Pulaw Weh, notre petit coin de « paradise » au nord de Sumatra. Sous les conseils d'Elie nous avons fait une petite escale à Banda Acheh, « chez Uncle ». Il se fait surnommer comme cela, l'homme qui va nous recevoir pendant le ramadan, celui connu des travellers, une adresse soigneusement garder par les adeptes des bons petits plan. Chez lui tu es reçu dans sa famille, mange à sa table, te relaxe le temps que tu veux, te sens à la maison le temps de souffler dans une petite maison sans prétention. (Heureusement ils ont tous était épargnés lors du tsunami).
Nous y resterons quelques jours. J'ai eu Michael au téléphone. Mon amour que je ne peux oublier même à l'autre bout du monde. Lui aussi est parti en Afrique enfin, à la rencontre de sa famille paternelle pour la première fois. Cette séparation nous a fait un bien fou. Ses mots murmurés m'ont rempli le coeur: « je ne peux plus vivre sans toi, il n'y a que toi, jamais nous ne nous séparerons encore comme ça, quand rentres-tu et surtout me rejoindras-tu au Sénégal? Je l'aime tant que ça me fait mal d'être si loin, j'ai de la chance. Je sais déjà qu'en rentrant à Paris, je repartirai immédiatement pour le rejoindre. Nous nous promettons de vivre notre vie rêvée d'amour, de voyages et d'enfants…
Je termine « voyage au bout de l'enfer » de Celine, en quelques jours, mon sac va exploser, j'ai encore en mémoire les images dangereuses de notre voyage en bus pour arriver ici: des traversés en bordures de ravins à des vitesses folles, le conducteur doublant à des endroits totalement interdits par la conscience d'un être normal, le froid de la clim poussée au max, mon « panttat » (cul) en miette après tant d'heures assise dans le bus!! Des anges nous protègent c'est certains, ou bien maîtrisent les trois conducteurs qui se relayaient pour conduire non stop!!
Bref, chez Uncle nous sommes au repos. Les bons petits plats et desserts concoctés par sa femme pour le ramadan nous redonnent du baume au coeur. Un petit thé « manis » (sucré) ou un petit thé « soussou" (lait) avec cela? Le uncle est un bon patriarche et papa, doux et protecteur, il a ses même attentions avec nous.
Nous repartons pour Pulaw Weh, Arina Bungalow. Les autres 11h de bus sont vite effacées lorsque du bateau qui nous mène à l'île les « lambo lambo » (dauphins) nous ouvrent le chemin. C'est une première pour moi, de voir des dauphins en liberté si proche de nous.

Les gens ici ont le coeur dans les yeux. Plus doux, sereins, calmes. L'île est encore un rêve, eau translucide, les énormes jungles de palmiers s'inclinent dans la mer. La présence constante d'un petit vent tiède, te caresse. Arina Bungalow est surnommé « chez mama ». Deux bungalows, un pour nos tourtereaux et un pour moi, à 2m de distance et qui surplombent la mer (1,50€ la nuit).

Tu te laves au puit. Comment?? Oui la nouveauté ici est que tu te laves au puit. Pratique, en sous vêtement parce qu'au milieu du village mais tellement dingue et rigolo pour nous.

Moustiquaire obligée aussi, au delà des moustiques, j'ai vu des photos d'araignées géantes qui m'empêcheront de m'endormir sereinement!!! Les geckos sont évidemment présent sur les murs aussi, comme d'habitude!

Le menu quotidien: langoustes, poissons grillés, c'est tout ce qu'il y a ici avec du riz, des légumes et des fruits pour même pas 1€… Parfait …

Mes petits dej à une minute de l'eau, seule, en me réveillant, inoubliable…

Nos moments passés sur nos terrasses à refaire le monde en fumant à la « one again », juste quelques lattes et bing un nouveau monde et bing mon matelas et bing je dors profondément, inoubliable.

Les récits d'Elie sur ses plongées en mer au milieu des requins alors que nous essayons de la scruter d'un petit bateau, inoubliable.

« Les frouillis », petits singes sauvages comme on les appellent ici, habitent les arbres juste au-dessus de nos huttes. Nous les entendons, les croisons régulièrement sur nos petites terrasses ou sur les marches de nos modestes maisons, ça aussi, inoubliable. Je me méfiais de ces petits voleurs professionnels, ahaha!

« Snorkeller » dans cette eau translucide au milieu des tiger fish, des clowns, de sèches, de coraux, de fleurs mouvantes, de couleurs changeantes, aussi, inoubliable… Papoter avec ces vieux sans dents de leur nuit d'amour avec leur femme dans leur bungalow familiale, et dans un anglais petit nègre, aussi inoubliable…

Je n'arrive plus à fermer les yeux sans y apercevoir Michael, tout est merveilleux ici mais j'ai le coeur plein de toi. Je t'idéalise, je le sais. Mais mon âme impatiente, commence à m'empêcher de pleinement profiter d'ici, je vole déjà en Afrique.

Je terminerais par ses quelques lignes que je retranscris exactement telles qu'elles sont écrites dans mon carnet de voyage d'il y a 24 ans:

« j'ai une excitation peureuse en moi qui me souffle un bon présage; Vit, vit au jour le jour, la tête sur les épaules mais suit ton instinct au moment où il te vient, embelli ton bagage, soit positive. Et alors pourquoi, dis moi pourquoi tout ne te sourirait pas? Tout ce qui arrive a un sens, prends en conscience, ai confiance en ton rythme. »

J'ai 46 ans et le pense toujours .

Sursaut Final

Nous sommes repartis de Pulaw Weh direction la Thailand, le jour du vol retour se rapproche, nous décollons de Bangkok. Nous pensions passé par une route différente au retour, mais nous avions promis à Alex de lui rendre visite lorsqu'elle aurait ouvert sa guest house, à Koh pan Ngan.
Je vous passe donc nos péripéties en bateau, bus, night boat et tout le tralala c'est le même bonheur. Nous arrivons Matthieu et moi, un matin très tôt sur une magnifique plage où Alex et Majid sont installés. Elie, à Pulaw weh décide de rester plus longtemps. Elle veut continuer son PADI de plongée et devenir instructeur (pour la petite histoire 20 ans après je la retrouverais aussi et elle sera devenue prof de plongée mais aussi capitaine de bateau, il y a des gens comme ça, sans limite de rêve, en plus d'être devenue mère célibataire). Elie nous quitte, le coeur pincés, nous ne pouvons qu'être heureux pour elle. Nos sages amoureux savaient pertinemment que leur histoire s'achèverait au détour d'une nouvelle direction à prendre. Alors que nous étions si fiers de voyager si longtemps, elle poursuivra pendant quelques années de plus Elie. Longtemps, oui mais tout dépend à qui tu te compares, en réalité, tu seras toujours le débutant de l'un et l'expérimenté d'un autre…
A sa grande surprise, au réveil nous sommes avachis sur sa terrasse sur-élevée en tek face à la mer, sac à dos posé sur le sable et pieds nus au vents. Alex est toute surprise et émue de voir que nous avons tenu parole, elle nous saute dessus! Elle nous raconte son aventure autour d'un petit déjeuner de banana pancake et de jus de fruit frais. Son association avec un Thaï compliquée, comment elle cuisine presque parfaitement Thaï et le parle aussi quasi couramment. Elle nous passe les détails de ses mésaventures avec Majid, son amoureux, qui finira par partir, bref elle a réalisé son rêve a 23 ans à peine: ouvrir un petit hôtel en Thaïlande.
Nous allons y rester une dizaine de jours. Rencontrer des baroudeurs hors norme, faire le tour de l'île, gouter des mushrooms en infusions, faire quelques courses et repartir.

Des mushrooms en infusion?! Et oui... Je vous le raconte vite fait, mais disons qu'un soir de pleine lune, entre copains, sur la plage je peux dire que j'ai halluciné durant 6 heures facile comme jamais je ne recommencerais!! A chaque clignement d'yeux les arbres se transformaient en visage de tex avery, les visages de mes proches, pareil, tels Jacouille dans « les Visiteurs » et je peux aussi dire que j'eus une conversation avec Jesus dans une pierre de 2cm de diamètre pendant 20mn au moins!!! OUI OUI OUI.... Alors que Matthieu jouait dans l'eau, persuadé que de petits êtres sursautaient de la mer et que les étoiles se tenaient la main en dansant!!! Tu parles d'un éveil ésotérique!!! J'avais l'impression que la nature me parlait qu'elle faisait partie de moi littéralement. La nature est grande et riche en Thaïlande, ça fait du monde à gérer!!! Je me souviens encore de ces montées et descentes ahurissantes, persuadée que l'effet était terminé je me sentais tout à coup comme ressortir de mon corps de nouveau. Je ne parvenais plus à approcher Matthieu qui pour moi n'était pas dans le même délire et dont les énergies me dérangeaient, soit disant! Il m'a fait la gueule 2 jours après ça, ahaha!! « Oui comment tu veux que je prenne ça, je ne pouvais plus t'approcher, tu me rejetais!!! »
Bref, mémorable mais bien trop fort à mon goût et à celui de mon petit corps bien affaibli ensuite.
Last but not least, il fallait bien qu'il nous arrive autre chose de mémorable avant de partir et ce fut sur moi que cela tomba!! J'eus la malencontreuse idée de manger un apple cake au marché du coin. Je commençai donc à vomir 2h après, continuai le lendemain et le surlendemain pour terminer au dispensaire de l'île sous perfusion entourée de vieux mourant!!
Ah il était aéré l'hôpital, toutes fenêtres ouvertes, tous dans la même salle, des lits côte à côte, cinquante personnes souffrant de maux divers et variés.
« Matthieu au secours, sort moi de là, je sucerais des cailloux jusqu'à notre retour s'il le faut, ne plus rien manger mais si je reste ici je vais mourir d'une infection généralisée!! »
C'est ce que mon ami fit et me voilà repartie après deux jours et une nuit blanche quand même! Expérience d'hôpitaux du tiers monde, ça c'est fait aussi!!! Next!!!
Le reste de notre séjours s'est déroulé à merveille. Nos soirées à discuter, à rire, sans télé, sans portable (qui n'existe pas encore), coupés du monde, sans soucis, que celui de remplir nos journées de snorkeling, de marchés, de lecture sous le soleil, d'amis, de bonnes bouffes, de rencontres. Combien de nuits passées à dormir à la belle étoile sur la terrasse, combien de fous rire avec Matthieu, de balades en scooter pourri autour de l'île, autant de bonheur dans toute sa simplicité.
Il est temps de repartir pour Bangkok, puis Paris, de revenir à la réalité…
Je ne pense plus qu'à une chose, rentrer, vendre ma caméra et repartir pour le Sénégal rejoindre Michael. J'ai encore du temps avant la saison sur la Côte d'azur à vendre des maillots et avant la fac qui reprendra en octobre pour passer ma Licence de Communication!!
En attendant on rentre.

Dans l'avion nous nous endormons tête contre tête comme nous l'avons fait quasiment tout le voyage avec Matthieu…
Matthieu, mon pote, nous avons vécu six mois fabuleux. Rappelle moi que nous nous connaissons depuis 19 ans déjà (40 au moment de la sortie de ce livre) et que, comme elle en avait l'habitude à la maternelle, ta maman vient nous chercher mais cette fois-ci à l'aéroport…

Retour glacial

Dans le deuxième tome je vous parlerai de notre retour à Paris, qui n'est autre que le point de départ pour le Sénégal quinze jour après… Mais si! J'ai encore le temps d'y aller avant que la saison ne commence! Comment on se ramasse après un atterrissage forcé, comment on flotte un certain temps, comment on continue de vivre une vie comme en voyage…
Et puis…. Les retrouvailles avec Michael, l'Amerique latines huit mois Pérou, Bolivie, Equateur, Colombie, Cuba, Guatemala, Mexique, San Francisco…

4em de Couv

"Le Monde sans Prétention : Récits de Voyages et d'Expériences Vraies", rassemble une ribambelle de textes, issu de carnets de voyages. Il raconte mon histoire, celle d'une voyageuse passionnée, qui partage ses aventures à travers le monde, mais aussi à travers les âges de la vie. Ce premier tome raconte comment s'organise le premier départ à 18 ans pour Londres, puis New York juste avant l'Asie pendant 6 mois. Koh San Road, Chang Mai, Kuala Lumpur ou Gili air, Bali y a 20 ans.... Et enfin le Sénégal par amour.
Sourire de ces aventures, de ces embûches et bonheurs vécus. Vous dépeindre avec humour et simplicité les rencontres, les épreuves, les surprises partout, dès l'instant qu' on a décidé de ne pas avoir peur d'essayer, tout ce qui nous attire!
Oser vivre... Partir, revenir, goûter, respirer, tomber, sauter, s'adapter, encore, rencontrer, être surpris, recommencer, changer, re-changer, comprendre, se tromper, insiste ou pas, comprendre que rien n'arrive par hasard, que nous vivons ce que nous sommes, ce que nous projetons, ce que nous cherchons...

Annotation

Toutes les photos dans ce récits sont issues de mes carnets de voyages. J'en ai beaucoup plus, bien sûr, l'intention était uniquement de vous donner les images nécessaires à alimenter mon récit.
Ce sont des photos papiers, scanner ou reprises en photos.

Printed in Great Britain
by Amazon

26982473R00071

"Le Monde sans Prétention : Récits de Voyages et d'Expériences Vraies", rassemble une ribambelle de textes, issu de carnets de voyages. Il raconte mon histoire, celle d'une voyageuse passionnée, qui partage ses aventures à travers le monde, mais aussi à travers les âges de la vie. Ce premier tome raconte comment s'organise le premier départ à 18 ans pour Londres, puis New York juste avant l'Asie pendant 6 mois. Koh San Road, Chang Mai, Kuala Lumpur ou Gili air, Bali y a 20 ans.... Et enfin le Sénégal par amour.
Sourire de ces aventures, de ces embûches et bonheurs vécus. Vous dépeindre avec humour et simplicité les rencontres, les épreuves, les surprises partout, dès l'instant qu' on a décidé de ne pas avoir peur d'essayer, tout ce qui nous attire!

Oser vivre... Partir, revenir, goûter, respirer, tomber, sauter, s'adapter, encore, rencontrer, être surpris, recommencer, changer, re-changer, comprendre, se tromper, insiste ou pas, comprendre que rien n'arrive par hasard, que nous vivons ce que nous sommes, ce que nous projetons, ce que nous cherchons...

ISBN 9798393386856